Heinz Kerschbaumer

Dein Himmel ist näher als Du denkst

Sei auch Du ein Glückskind auf Erden

*Aloha – Verlag
Buch mit Aloha – Spirit*

Ich möchte Dir in meinem Buch alle Informationen und Übungen, die sorgfältig recherchiert wurden, nach bestem Wissen und Gewissen weitergeben. Dennoch übernehmen der Autor und der Verlag keinerlei Haftung für Schäden,
die in irgendeiner Art direkt oder indirekt aus der Anwendung aus diesem Buch entstehen.

Copyright Aloha – Verlag 2004
Herausgeber: Heinz Kerschbaumer
Alle Rechte, auch die des auszugsweisen Nachdrucks, der Übersetzung und jeglicher Wiedergabe, vorbehalten.
Umschlaggestaltung: Heinz Kerschbaumer
Druck und Verarbeitung: Druckerei Schmidbauer

ISBN 3-2OO-OO184-4

Danksagung

Ich bedanke mich bei der universellen Kraft – bei Gott und bei allen Engeln und Geistführern, die mich auf diesen Weg führten – die mir Inspiration und Unterstützung gaben – und immer noch geben.
Ein großes Dankeschön an die geistige Welt – den Himmel, wodurch ich all diese wunderschönen Gedichte empfangen durfte – sie dienen als Balsam für die Seele – und ziehen sich durch das gesamte Buch.

Danke für mein Wissen, meine Erfahrungen und all meine Erkenntnisse, die ich für die Menschen jetzt festhalten kann.

Bedanken möchte ich mich bei allen Lehrern, die mir auf meinen Lebensweg begegnet sind – speziell bei Dieter F. Ahrens – meinem Ausbilder – für die wertvolle Ausbildung zum Persönlichkeitstrainer in Bremen.

Ein großes Dankeschön für meine Redegewandtheit und die göttliche Gabe wirklich vielen Menschen helfen zu können.

*Danke sage ich meinen Eltern, die mir die Möglichkeit gaben, auf diese Welt zu kommen,
mir ihre Liebe und ein Zuhause schenkten!
Ganz besonders bedanken möchte ich mich bei meiner Mutter, die all meine Höhen und Tiefen in diesen zwölf Jahren der Selbstständigkeit mitgetragen hat. Für ihre Liebe die sie mir schenkt, die ich in dieses Buch einfließen lassen
konnte, welches Du jetzt in Deinen Händen hältst.*

*Besonderer Dank gilt all meinen Vortrags. – und Seminarteilnehmern, die mir in über 1.100 Veranstaltungen ihr Vertrauen schenkten.
Ein ganz großes Dankeschön möchte ich all meinen Stammgästen für die vielen wundervollen Seminarstunden, die wir bis jetzt gemeinsam erlebt haben, aussprechen.*

In liebevoller Verbundenheit danke ich auch den „Menschen in Polynesien" – ein besonders schöner Himmel auf Erden für mich – für die Liebe, den Charme, die Lebensfreude, die Südseemusik und die „HUNA – Philosophie", die mein Leben nachhaltig geprägt hat.

Vorwort

Liebe Leser!

Wie oft wurde ich darauf angesprochen, ob es von mir schon ein Buch gäbe – doch ALLES zum richtigen Zeitpunkt. Jetzt ist nicht nur die Zeit reif – anlässlich des „Venusjahres" 2004, das in jeder Hinsicht ein „Jahr der Liebe" zu werden verspricht, sondern ich spüre es ganz deutlich in mir – ja, es drängt mich geradezu meine Erfahrungen und Erkenntnisse auch einmal in Form eines Buches niederzuschreiben.

Es ist wirklich ein schöner, aber auch verantwortungsvoller Weg als Persönlichkeitstrainer für die Menschen tätig zu sein.
Ich gebe zu, 12 Jahre ist eine lange Zeit – und ich denke, durch dieses, nun vorliegende, Buch kann ich mir nicht nur eine persönliche Visitenkarte schaffen, sondern vor allem erhältst auch Du lieber Leser ein wertvolles Sachbuch über positive Lebensführung – ja mehr noch, Du hältst zugleich ein Lebensbuch in Händen.

Dieses Glücks- und Lebenstraining soll Dir immer wieder helfen, Dein Leben von innen heraus neu zu gestalten. Altes, Überholtes, Krankmachendes einfach loszulassen und Dich wieder auf das Wesentliche in Deinem Leben zu konzentrieren.

*Es möge Dein ständiger Wegbegleiter sein – und kann
Dir als wichtiger und wertvoller Wegweiser dienen.*

*In guten und schlechten Zeiten – dürfen diese
Botschaften
Dein Bewusstsein weiten!*

*Ich habe nun 25 Gedichte geschrieben – und diese
Weisheiten, die ich von „OBEN" empfangen durfte –
ziehen sich wie ein roter Faden, durch das ganze Buch
- und sollen BALSAM für Deine Seele sein.
Sie dürfen Dich stärken, aufbauen, inspirieren und
vor allem sollen sie Dich zum Handeln anleiten.*

*Ich habe nun in all den Jahren ca. 47 verschiedene
Vortrags- und Seminarthemen ausgearbeitet. Sicherlich
könnte ich auch zu einem bestimmten Thema ein Buch
schreiben – mir ist es aber zur Zeit
sehr wichtig, ALLES auf einen gemeinsamen Nenner
zu bringen. Das heißt: ein „Glückstraining" anzubieten, da wir Menschen im Grunde nur einen
Wunsch verspüren – „dass unser Leben gelingen
möge" – was immer wir auch anstreben!*

*Deshalb mein Buchtitel – „Sei auch Du ein Glückskind
auf Erden" – auf der einen Seite,
und „Dein Himmel ist näher als Du denkst"
auf der anderen Seite.*

*Dies bedeutet: ich werde in diesem Buch dennoch
3 Schwerpunkte setzten*

*1. Pass auf, was Du denkst –
denn was Du denkst da kommt!*

*2. Leide nicht – liebe!
Liebe, Licht und Segnen -
werden Dein Leben vergolden!*

*3. Eine Art – "Glückstraining" –
dass Dir die Möglichkeit bietet
zum Überwinder von Problemen
und Schwierigkeiten zu werden –
ein "Meister der Wandlung" zu sein!
AUSBRUCH aus einem Dasein
mit EINSCHRÄNKUNGEN - dass
Du auch das Leben führen kannst,
das Du ganz deutlich in Dir angelegt spürst!*

*Wenn Du brennst, kannst Du kein nüchternes Sachbuch
schreiben. Daher bitte ich um Verständnis
für die vertrauliche Anrede und auch dafür, dass sich
bestimmte Inhalte wiederholen, wann immer ich dies
für notwendig hielt.*

*Ich wünsche uns allen – möge dieses Buch dazu beitragen, in unserem Alltag wieder mehr Licht,
Liebe und Freude zu bringen.
Und das bedeutet: Deine Schwingung wird sich
erhöhen, und der Kosmos kann gar nicht anders, als
mit Segnungen und Liebe darauf zu reagieren – und
Dich mit "Geschenken des Himmels" zu beglücken.*

*Dass wir voller Kraft und Zuversicht, die
Herausforderungen – die das Leben an uns stellt,
meistern können. Ja, dass wir ein
"Meister der Wandlung" werden -
Probleme in Erfolg und
Scherben in Glück
zu verwandeln vermögen.*

*Und dass dieses Lebensbuch meiner innersten
Herzensabsicht gerecht wird – gemäß meiner
Botschaft:*

*Erlaube doch Deiner Energie
wieder mit der Sonne zu reisen!*

In liebevoller Verbundenheit

Euer

Heinz

INHALTSVERZEICHNIS

Danksagung 6
Vorwort 8
Wie Du dieses Buch optimal nutzen kannst 15

1. Kapitel 19
Richtig denken – leichter leben
  Dein Himmel ist näher als Du denkst 20
  Himmel und Hölle liegen in Dir 22
  Vertraue dem Leben 25
  Du bist viel GRÖSSER als Du denkst 34
  Was ist positives Denken überhaupt? 36
  Mit Freude durch den Tag 42
  Dein Denkinstrument bestimmt Dein Leben 49
  Pass auf, was Du denkst, denn was Du denkst – .. 54
  das kommt!
  Lass Frieden auf Erden sein 56
  Optimiere Deine positive Lebenseinstellung 65
  Das Geheimnis der Resonanz entdecken 71
  Die richtige Schwingung entscheidet 77
  Meine Morgenmeditation 80
  Zusammenfassung 84
  Was möchte ich mir aus diesem Kapitel merken?...86

2. Kapitel 87
Liebe ist die Antwort und der Weg
  Die Kraft der Konzentration 88
  Die wahren Werte des Lebens 90

Sei Dir selber treu *95*
Leide nicht – liebe *101*
Sonnenstrahlen der Liebe *103*
Aloha – die Lust am Leben *110*
Die Botschaft der Kahunas *117*
Komm auf die Sonnenseite des Lebens *120*
Die sieben Energiegesetze *125*
Der Weg zur Liebe führt immer über die Vergebung *133*
Jedes Ende ist ein strahlender Beginn *136*
Ein dankbares Herz ist Gott sehr nahe *143*
Möchtest Du einem Wunder begegnen? – dann versuche es mit dem Segnen! *147*
Fantasiereise in das Licht *153*
Zusammenfassung *160*
Was möchte ich mir aus diesem Kapitel merken? ... *163*

3. Kapitel **164**
Dein persönliches "Glückstraining"
Glückskinder dieser Welt *165*
1. Schritt: Den Rucksack der Vergangenheit abschütteln *170*
2. Schritt: Sich frei machen von der Meinung der anderen *175*
3. Schritt: Den Schritt vom Opfer zum Schöpfer vollziehen *178*
Der Umgang mit dem lieben Geld *185*
Wie man Wohlstandsbewusstsein entwickelt? *191*
4. Schritt: Spiele endlich die Hauptrolle in Deinem Leben *195*

5. Schritt: Mehr Zeit für das Wesentliche –
   die "Zielsetzungsmethode" wirkt! *198*
Ich träume davon... 203
Erfülle Dir Deine Träume –
sie warten darauf! 207
Lass Deine Ängste los –
und sei ein Überwinder! 218
Nie mehr deprimiert – ich will endlich leben! 222
Verwirkliche Dein Potenzial – vom Kopfdenker
wieder zum Herzdenker werden! 231
Die Herzmeditation 238
Zusammenfassung 242
Was möchte ich mir aus diesem Kapitel merken? 245
Schlussgebet - Lieber Himmel hilf mir... 246

Mein Weg als Persönlichkeitstrainer 247
Ein Gedanke ... zum Schluss! 251
Wie wirkt das Training
auf die Seminarteilnehmer? 252
Trainer – Profil 257
Produkte und Preise 260
Leserservice 263
Seminar- und Vortragsthemen
12 Jahre „Kerschbaumer - Seminare"
Wähle dein Wunschthema 264
Deine persönliche Seite 267

Wie Du dieses Buch optimal nutzen kannst

Das vorliegende Buch, lieber Leser, wird Dir helfen – ganz gleich auf welcher Stufe Du heute stehst – die Qualität Deines Lebens zu verbessern – Du kannst Dich höher und weiter entwickeln, ja es wird Dir sogar Dein bestes Leben zufliegen, sobald Du bereit bist, die Hindernisse auf dem Weg zu einem besseren Leben zu überwinden. Das ganze angesammelte Wissen nützt uns wenig, wenn wir nicht gleichzeitig auch bereit sind, es anzuwenden – ja, es in die Tat umzusetzen. Denke daran: "ERFOLG" hat nur drei Buchstaben – ich muss es T U N! Du hältst also nicht nur ein "Lesebuch" in Deinen Händen, sondern vor allem ein "LEBENS-BUCH".

Um dieses Buch optimal zu nutzen, lege ich Dir die folgenden Richtlinien dringend ans Herz:

1. Lies zunächst einmal das ganze Buch, bevor Du in das Programm einsteigst.
2. Nachdem Du das Buch gelesen hast, beginne nochmals von vorne – allerdings nicht ohne einen gelben Signalstift – streiche alle für Dich wichtigen Stellen in diesem Buch an. Dadurch kannst Du die für Dich wertvollen Teile hervorheben und vertiefen.
3. Die 25 Gedichte, die sich wie ein roter Faden durch das gesamte Buch ziehen, sind Balsam für Deine Seele. Sie geben Dir Kraft, Verständnis, Mut und Zuversicht. Sie können Dir in zweierlei Hinsicht hilfreich sein:
    1. Schlage eine beliebige Seite mit einem Gedicht auf – und Du bekommst genau Deine Tagesbotschaft. Sie

dient als Fingerzeig – entweder ist sie eine Aufforderung, oder eine Bestätigung!
2. Schlage wieder eine beliebige Seite mit einem Gedicht auf – und versuche sofort Deine Tagesbotschaft in die Tat umzusetzen.

<u>Beispiel:</u> Gedicht – "Komm auf die Sonnenseite des Lebens"
<u>Textstelle:</u> Öffne Dein Herz, und strahle wieder von innen, richte Deinen Fokus auf Deine Lebensziele, und Du wirst ganz einfach gewinnen!
<u>Frage:</u> Wie kann ich meine Botschaft in die Tat umsetzen?
<u>Vorschlag:</u> Spüre einfach in Dich hinein, nimm Dich wahr. Gehe in Deinen Herzraum – und überprüfe, ob Du im Herzen offen bist.
- Wenn ja, dann verstärke Deine Liebesschwingung und strahle Deine Liebe auf alle Menschen aus, die Dir heute begegnen, bzw. segne all jene, die Dir Probleme und Schwierigkeiten bereiten.
- Wenn nein, dann mache die "Herzmeditation" aus diesem Buch – Vergebung und Dankbarkeit öffnen dann Dein Herz.
- Nimm Dein Tagebuch zur Hand – nimm Dir 10 Minuten Zeit, und halte schriftlich fest, worauf Du Deine Aufmerksamkeit lenkst, mit welchen Menschen und Umständen Du Dich energetisch verbindest?
- Was kann ich heute alles unternehmen, um meinen Lebenszielen einen Schritt näher zu kommen?
- Frage Dich, ob Du im "Gewinnerbewusstsein" lebst? Denke daran – ALLES will Dir nur dienen und helfen und ALLES fördert Deine Entwicklung. Empfindest Du Dein Leben derzeit als Fördernis – oder als Hindernis?

4. *Besorge Dir ein Tagebuch, das Du parallel zum vorliegenden Buch verwendest. Achte darauf, dass Dir der Umschlag und die Größe auch wirklich zusagt.*
5. *Jedes Mal, wenn Du auf das Symbol stößt, sagt Dir das: Jetzt gilt es, auf der Stelle aktiv zu werden! Ein kleiner Schritt wird eine große Veränderung bewirken.*
6. *Arbeite immer wieder auch mit Affirmationen – wenn möglich täglich – denn Du wirst genau zu der Person, worüber Du ständig affirmierst! Die besten Zeitpunkte: Morgens beim Erwachen – und kurz vor dem Einschlafen – da ist Dein Unterbewusstsein besonders empfänglich. Sprich auch Bejahendes zum Thema: Dankbarkeit – sie sind besonders hilfreich!*
7. *Besondere Textstellen und Weisheiten habe ich eingerahmt – sie werden dadurch hervorgehoben – Du kannst sie auch in Dein Tagebuch eintragen, wenn sie Dir wichtig und wertvoll erscheinen. Mache Dir auch darüber Gedanken, wie Du sie in Deinem Alltag erfolgreich umsetzten kannst!*
8. *Am Ende eines jeden Kapitels findest Du eine Zusammenfassung. Ich habe für Dich unter der Überschrift – Zusammenfassung - das zusammengefasst, was mir wichtig erschien. Es ist eine Art Überprüfung des Gelesene. Wenn Du dich nach dem Lesen fragst: Was habe ich behalten und was war für mich wichtig? Wiederholung ist die beste Straße zum Erfolg.*
9. *Nachdem Du Dir bei der Zusammenfassung die wichtigsten Inhalte nochmals bewusst gemacht hast, kommt jetzt der Tupfen auf das i!*
Jetzt bist Du an der Reihe! Jedes Kapitel endet mit der Abschlussübung: Was möchte ich mir aus diesem

Kapitel merken? Schreibe Dir jeweils die 5 Punkte auf, die Dir wichtig und erinnernswert erscheinen. Du kannst Dir diese wertvollsten Bausteine auch in Dein Tagebuch eintragen, und somit vertiefen.

10. *Jedes Kapitel wird auch mit einer Meditation oder Fantasiereise abgerundet. Mache von Zeit zu Zeit – wann immer Dir danach ist - eine Meditation und gehe in Deine Mitte, um mit Deinem innersten Wesen in Einklang zu kommen. Ein wichtiger Hinweis: Egal, ob Du mit Affirmationen, mit Meditationen oder mit dem Segnen arbeitest – die "Regelmäßigkeit" ist eine entscheidende Komponente für Deinen Erfolg! Ein wenig Übung und Disziplin sind dafür erforderlich!*

Und jetzt bist Du an der Reihe. Viel Glück!

Bleibe offen für alles. Manche der Geschichten, die Du in diesem Buch zu lesen bekommst, klingen wie Zauberei. Sie sind Zauberei. Wenn es für Dich oberste Priorität wird, sich um das eigene Wohlergehen zu kümmern, wenn Du Schritte unternimmst, die Dich zu Deinem Besten führen, dann aktivierst Du den Zauber, der jedem von uns zur Verfügung steht. Eine göttliche Macht wird Dich in ein qualitativ hochwertiges Leben führen. Halte unaufhörlich nach diesem Zauber Ausschau – eine bessere Motivation gibt es nicht.

Eine jede noch so lange Reise beginnt immer mit dem ERSTEN SCHRITT!

1. Kapitel
Richtig Denken – leichter leben

> **Mein Leben
> ist genau das,
> wozu meine Gedanken
> es machen.**

Dein Himmel ist näher als Du denkst

Du kannst in Deinem Leben ALLES HABEN –
Liebe, Glück, Harmonie und ALLE GABEN.
DEIN HIMMEL ist näher - als Du denkst,
wenn Du Deine liebevollen Gedanken –
an alle Menschen verschenkst.
Lass Dich von der LIEBE GOTTES tragen –
und Du erhältst die richtigen Antworten
auf all Deine Fragen.
Spüre wieder die FREUDE, das LICHT, die
GLÜCKSEELIGKEIT GANZ TIEF IN DIR –
und erfülle den Augenblick im JETZT und HIER.
Bist Du bereit, ALLES und JEDEN zu SEGNEN?
Dann wirst Du schon bald DER ERFÜLLUNG -
ALL DEINER HERZENSWÜNSCHE begegnen.
Somit holst Du Dir den HIMMEL AUF ERDEN –
Und brauchst nicht mehr länger warten,
um glücklich zu werden.
In diesem – HÖCHSTEN BEWUSSTSEIN –
wird sich DAS FÜLLHORN immer öfter
ÜBER DICH ERGIESSEN –
und Du kannst sofort Dein Leben –
IN VOLLEN ZÜGEN GENIESSEN!
Erlaube doch DEINER ENERGIE wieder
mit der SONNE ZU REISEN -
und Du hast Ihn gefunden –
den STEIN DER WEISEN.
Höre auf zu suchen – denn DU BIST AM ZIEL –
sage lieber viel öfter –
ICH KANN – ICH DARF – ICH WILL!

Heinz Kerschbaumer

Dein Himmel ist näher - als Du denkst!

Es ist doch wirklich interessant, dass fast jeder Mensch sich nach Erfüllung sehnt – ja nach Liebe, Glück, persönlicher Freiheit, Gesundheit, Vitalität und Zufriedenheit. Zu diesen Wunschvorstellungen zählen genauso liebevolle Beziehungen, spirituelles Wachstum, finanzielle Unabhängigkeit, eine harmonische Partnerschaft, ein glückliches Familienleben, eine sinnvolle Tätigkeit, oder was auch immer. Ein jeder möchte in das Schloss hinein! Das so genannte Schloss könnten wir den "Himmel" – oder auch das "Paradies" - die "Glückseeligkeit" bezeichnen. Ich kann Dir das Paradies auf Erden nicht versprechen – dennoch möchte ich Dir in diesem Buch einen Weg aufzeigen, wie Du Dir den "Himmel auf Erden" holen kannst. Warum? ==Himmel und Hölle sind vor allem Bewusstseinszustände!== Du brauchst nur jemanden kritisieren – ihn schlecht machen, schon bist Du in der Hölle. Jeder Druck erzeugt einen Gegendruck – und Du erlebst Dich sofort in der Abwärtsspirale. Wenn Du jedoch Deine Mitmenschen lobst, sie anerkennst, liebst, ja dann bist Du bereits im Himmel. Du hältst den Schlüssel dazu bereits in Deinen Händen! Aber was nützt Dir der wertvollste Schlüssel, wenn Du Dir damit Deine Himmelstür nicht öffnen kannst? Was nützt Dir der schönste Sonnenaufgang, wenn Du nicht munter wirst? Wenn Du nicht aufstehst? Machen wir gleich zu Beginn eine klare Aufgabenteilung. Du wählst Dir aus, was es denn sein darf – und ich werde Dir dabei helfen, wie Du den Schlüssel im Schlosse drehen kannst – um endlich in Dein Traumschloss zu gelangen! Einverstanden? – Sehr gut!

Natürlich gibt es einige Hindernisse auf dem Weg. Die gehören genau so zum Leben dazu – wie die Nacht zum Tag! Leider befinden sich auch viele Menschen derzeit in der Hölle. In der Hölle der Krankheit, des Leidens, der Kritiksucht. In der Hölle des finanziellen Mangels, der Schmerzen und Depression. Aber auch in der Hölle der Ängste und Sorgen, der Verunsicherung und Bedrängnis. Denke daran: wer niemals verliert, hat den Sieg nicht verdient! Ärmel hochkrempeln – und dann sage einfach: "JETZT erst recht" – das wäre doch gelacht, wenn ich das nicht schaffe! Sei ein "Überwinder" und erlerne die ==»Kunst des Wandelns«==. So lautet das Motto – in diesem Buch. Kommen wir gleich noch einmal zurück zum Schlüssel. Was ist der Schlüssel überhaupt? Er ist ein Symbol für Dein "Denkinstrument"! Er ist sozusagen Dein "Zauberstab", den Du in Deinen Händen hältst. Sobald Du bereit bist, Dein Denkinstrument wieder bewusst in Besitz zu nehmen, das heißt: Deinen Zauberstab schöpfungsgerecht zu gebrauchen, im gleichen Augenblick erkennst Du:

> **Dein Himmel ist ja näher,
> als Du denkst!**

Himmel und Hölle liegen in Dir!

Wollen wir gemeinsam gleich noch etwas tiefer eintauchen? Ja, - bist Du bereit? Schön – dann mache Dir folgendes bewusst: in dem Maße, wie Du Dich selber liebst, schätzst *und annehmen kannst – und das Gefühl hast, die ganze Welt ist für Dich – im gleichen Ausmaß liebst Du! Und die Liebe kann frei aus Dir herausfliesen. Du bist dann im Himmel! Andererseits – in dem Maße, wie Du mit Dir selber haderst, Deine Mitmenschen kritisierst, und das Gefühl hast – die ganze Welt ist gegen Dich – im gleichen Ausmaß verminderst und schmälerst Du Deine Lebenskraft – ja, Du bist dann in der Hölle! Wage nur einen Blick in Dein Umfeld. Der eine lebt in einer glücklichen Verbindung, ist erfolgreich im Beruf, ist gesund und strahlend – er möchte am liebsten jeden und alles umarmen, und fühlt sich vom Leben angenommen, – während der andere soeben geschieden wurde, um das Besuchsrecht seiner Kinder kämpft, den Arbeitsplatz verlor, und in das schwarze Loch einer Depression stürzte. Er ist krank und hat das lausige Gefühl – die ganze Welt ist gegen ihn. Warum so ein Auseinanderklaffen beider Welten? Der eine ist so glücklich und befindet sich im Himmel, während der andere deprimiert ist, und in der Hölle schmort. Natürlich werden wir Menschen sehr stark von den Erfahrungen geprägt. Das ist jedoch nur die halbe Wahrheit – auf der anderen Seite jedoch kennst Du das alte Sprichwort:*

"Jeder ist seines Glückes Schmied"

Wie sagten die Weisen schon vor langer Zeit?

**Der SCHLÜSSEL zum GLÜCK
eines jeden Menschen –
ist sein D E N K E N!**

Himmel und Hölle liegen demzufolge also unmittelbar in uns selbst. Himmlische Gefühle durchströmen uns, wenn wir verliebt sind, aber auch bei jeder bewussten Hinwendung an das Gute, Schöne, Erstrebenswerte, Liebevolle, Lichterfüllte und Lebensbejahende, denn damit stehen wir in unmittelbarer Verbindung mit dem Urquell von unermesslicher Kraft und Fülle, der im "Göttlichen Funken" in uns verankert ist. Somit kommen wir mit unserem innersten Wesen in Einklang. Lieblose, zerstörerische, krankmachende, negative und destruktive Gedanken der Angst, des Zweifels und der Sorgen sowie Gefühle von Groll, Rachsucht, Neid, Hass oder Missgunst verdunkeln dagegen unser Gemüt, unser Bewusstsein und damit unsere gesamten Lebensumstände und ziehen uns automatisch in die Tiefe, ins Dunkle, in die Depression – was wir dann als einen schmerzlichen "Weg durch die Hölle" empfinden.

Wir alleine entscheiden darüber, welche Richtung in unserem Leben den Vorrang haben soll!

Meine vorherrschende Denkrichtung bestimmt meinen Lebenskurs!

Mein Leben ist die Summe all meiner Gedanken – und deren Entscheidungen, die in ihnen enthalten sind!

Vertraue dem Leben

Die meisten Menschen wollen ihr Leben
auf Äußerlichkeiten aufbauen –
sie lassen sich gegen alles versichern,
doch das Universum
antwortet auf Vertrauen.
Sie streben nach Geld,
Besitz und weite Reisen,
doch hör wenigstens Du
auf den Rat der Weisen.

Vertraue dem Leben

Selbstvertrauen – wer von uns wünscht sich das nicht und wer von uns könnte davon nicht mehr gebrauchen. Vieles im Leben würde uns dann leichter fallen und so manches Leid bliebe uns erspart, wenn wir nicht nach jeder Tal-Erfahrung die Vertrauensantennen einziehen würden.

> **Das ganze Universum antwortet auf Vertrauen.**

Eine negative Stimme in uns schafft es jedoch immer wieder, unser Selbstvertrauen und Selbstwertgefühl zu zerstören und uns mit dem Gefühl der Minderwertigkeit und Unzulänglichkeit zurückzulassen. Diese Stimme ist unser schlimmster Feind. Dieser Kritiker in uns hämmert uns permanent im Hinterkopf ein: Du schaffst das nicht! Du bist ein Versager! Du bist ein Feigling! Das haben Deine Eltern nie getan, das kannst Du auch nicht! Kein Schwein ruft Dich an – Du bist so einsam! Es hat doch alles keinen Sinn mehr – Du kannst es aufgeben! Du taugst nichts! Du kannst es doch nicht...

> **Aufgeben - tut man nur einen Brief!**

Wann immer Du sagst: Ich kann nicht... - bleibst Du auf der halben Wegstrecke stecken. Sage lieber: Ich kann... - dann stehen Dir alle Kräfte des gesamten Universums zur Verfügung!

<u>Unser Vertrauen beinhaltet drei Aspekte:</u>
1. Das Gottvertrauen - 2. Das Vertrauen in unsere Mitmenschen - 3. Das Selbstvertrauen

Vertraue dem Leben

Deine Suche nach Liebe,

Erfüllung, Glück und Vertrauen,

all diese Werte liegen in Dir –

Du brauchst nur nach innen zu schauen.

Die Masse ist nicht offen,

weder im Geist noch im Herzen,

deshalb erkranken so viele,

und leiden oft Schmerzen.

Selbstvertrauen kommt immer vom ZUTRAUEN!

Warum traust Du Dir nicht mehr zu? Von 100 Menschen geht es 99 gleich. All das, was wir bereits können – das trauen wir uns auch zu. Aber all das, was wir noch nicht können – müssen wir halt Schritt für Schritt erlernen.

Ein Leben ohne Vertrauen ist nicht lebenswert!

Glück und Erfolg hängen von unserer Gelassenheit und unserem inneren Gleichgewicht ab. Gott zu vertrauen ist wie das Balancieren auf einem dünnen Seil. Zweifel und Ängste führen dazu, dass wir das Gleichgewicht verlieren, und in Umstände des Mangels und der Beschränkung stürzen.

<u>Bejahungen:</u> Ich überlasse es der GRÖSSE GOTTES! Alles fließt mir leicht und mühelos zu! Ich vertraue darauf, dass ALLES zu meinem BESTEN geschieht! Mit jedem Tag wächst das Vertrauen in die innere Kraft. Ich weiß, dass ich einzigartig und gut bin! Ich bin eine starke, positive Persönlichkeit – und gehe jetzt den Weg des Vertrauens. Ich bin es mir jetzt wert, dass ich erfolgreich bin! Der Herr ist mein Hirte, mir wird es an nichts mangeln. Ab sofort glaube ich nicht nur an Wunder, ich verlasse mich darauf! Ich bin die SIEGHAFTE GEGENWART!

Vertraue dem Leben

Doch Du lieber Freund,

zieh Deine Vertrauensantennen

nicht länger mehr ein –

erkenne die Wahrheit,

Du bist ewiges, wachsendes Bewusstsein.

Traue Gott, Deinen Mitmenschen,

und vor allem Dir selber mehr zu,

so bekommst Du innere Kraft,

und findest mehr Ruh.

Geben und Nehmen ist der Pulsschlag des gesamten Universums. Und Geben und Empfangen sind immer eins.
<u>Frage:</u> Warum sollten mich meine Mitmenschen achten, wenn ich vor mir selbst keine Achtung habe? Warum soll mir jemand Vertrauen schenken, wenn ich mir selbst nichts zutraue?
Ich muss zunächst einmal etwas ausstrahlen, bevor ich etwas zurückerhalten kann. Was bin ich also bereit heute zu geben? Gebe ich genau das, was ich zu erhalten wünsche? Oder gehen mir folgende Gedanken durch den <u>Kopf:</u> Wer ruft mich heute an?
*   Wer schreibt mir heute einen Brief?*
*   Wer lädt mich heute zum Eisessen ein?*
Nein – nein – und nochmals nein! So kann es nie funktionieren. Du kannst ja auch einen Bettler nicht dadurch helfen, indem Du Dich daneben hinsetzt – und mitbettelst.
<u>Die richtige Frage lautet:</u> Wen rufe ich heute an?
*   Wem schreibe ich heute einen Brief?*
*   Wen lade ich heute zum Eisessen ein?*

<u>*Ein starkes Selbstbewusstsein beinhaltet 3 Schritte:*</u>

1. Ich kann ja sagen! 2. Ich kann nein sagen!
3. Ich kann selbstbewusst Wünsche einfordern!

Viele Menschen haben einen Sprachfehler – sie können nicht "NEIN" sagen. Die einzige Art NEIN zu sagen, besteht dann darin, ständig krank zu sein. Sage nicht JA, wenn Du innerlich NEIN meinst. Denn...

ALLES, was mich kränkt – macht mich krank!

Ich habe mich viele Jahre gekränkt, denn vor genau 30 Jahren, als ich in das Berufsleben einstieg – damals begann ich die Lehre als Radio- und Fernsehtechniker – stand ich schon am falschen Platz im Leben. Es war nie mein Beruf, und der Lehrwerkmeister sagte oft zu mir: Du musst lernen zu lernen! Ich war schüchtern, verlegen und stotterte teilweise, da ich von den anderen Lehrlingen hingehalten wurde. Die spürten meine Unsicherheit und meine Ängste genau, und nützten das dementsprechend aus. Es war die Hölle für mich – aber es fehlte mir der Mut, um NEIN zu sagen, um AUSZUSTEIGEN. Zu dieser Zeit lernte ich das Grundgesetz der Opfermentalität bereits schon kennen. LEIDEN – LEIDEN und nochmals LEIDEN – solange bis Dir das LEID – leid ist.
Nach über 10 Jahren Elektrobranche fasste ich den Mut – denn bis dahin lebte ich von Montag bis Freitag nur für das Wochenende – für meine Hobbys. Ich ging das ganze Jahr arbeiten – nur für die 4 Wochen Urlaub. Das kann es auf Dauer nicht sein. Ich hatte die Nase voll – der Leidensdruck war fast unerträglich geworden. Im Jahr 1985 beschloss ich dann – heuer im Sommer keine Reise mehr zu machen. Ich schaute mich um einen neuen Job um – und wagte den Sprung in das kalte Wasser – sprich in eine neue Branche. Als Versicherungskaufmann begann ich nochmals ganz von vorne. Wie ich es jedoch meiner Familie mitgeteilt habe – schrie meine Schwester ganz lautstark auf: Was "Heinz" du bei der Versicherung – um Gotteswillen - Du bist ja gar nicht der Typ dazu! Und schon wird man wieder in die alte Schublade hineingesteckt, wo uns die andern gewohnt waren, zu sehen. Es war keine leichte Zeit für mich – und dennoch eignete ich mir genau in dieser Phase das nötige Selbstvertrauen an – das ich so dringend benötigte. In dieser Anfangszeit las ich viele Bücher über Lebenshilfe und Positives Denken.

Vertraue dem Leben

Bejahe Dein Leben
und übe Dich in Geduld –
und suche nicht länger im Außen
und bei andern die Schuld.
Lebe den Augenblick,
lass die Liebe und Freude
Deine ständigen Begleiter sein,
vertraue dem Leben,
und Du kannst wieder glücklich sein.

Ich besuchte viele Vorträge und Seminare, und lernte die Denkgesetze – die so wichtig und wertvoll sind für unseren Lebenserfolg. Ich kann mich noch gut erinnern, als ich mit einem "Murphy – Buch" in der Mittagspause saß, die Gesetzte des Denkens und Glaubens studierte, während meine Arbeitskollegen negative Gespräche führten. Der Urvater des "Positiven Denkens" sagte:

> **Die meisten Menschen wären viel mehr zu leisten imstande, wenn sie es sich nur selbst zutrauen würden!**

Darauf baute ich mein gesamtes Leben neu auf – ich richtete meinen Blick nach vorne und nach oben – ich traute mir immer mehr zu – die ersten Erfolge stellten sich ein – ja zum ersten Mal war ich im Berufsleben glücklich und zufrieden. Mein damaliger Gruppenleiter sagte zu mir: Herr Kerschbaumer – sie sind so positiv und gut motiviert – sie könnten in der Gruppe einen Vortrag über "Positives Denken" halten. Ich wusste zu dieser Zeit allerdings nicht, dass genau dies mein neuer Beruf – ja meine "Berufung" wurde.

<u>*Wie heißt es so schön:*</u> *Wo ein Wille – da auch ein Weg!*

Diese Anfangszeit war eine wichtige Vorstufe für meinen jetzigen Beruf – "Verkauf und der Umgang mit Menschen".

<u>*Es ist wirklich so:*</u>

> **Jeder muss seine eigene Wüste durchwandern, bevor er in das gelobte Land kommt!**

Du bist viel GRÖSSER als Du denkst!

Obwohl wir alle Schöpfer unserer Lebensumstände sind, verhalten sich die meisten Menschen als Opfer ihrer Lebensumstände. Du bist schöpferisch in Deinen Gedanken. Der Mensch ist, was er denkt! Dein Leben ist genau das, wozu Deine Gedanken es machen. Das heißt:

> **Meine vorherrschende Geistes- und Gefühlshaltung bestimmt meinen Lebenskurs.**

Ich kann aber die unbegrenzten Möglichkeiten, mit einem begrenzten Bewusstsein niemals voll ausschöpfen. Nehmen wir als Beispiel nur die Fülle. Wenn ich ein Bewusstsein in der Größe von einem Fingerhut habe, nützt es mir wenig, wenn sich der ganze Lebensozean über mich ergießt! Es hat nicht mehr Platz. Jeder Mensch ist in seiner wahren Persönlichkeit weit größer als er ahnt. Der Durchschnittsmensch hat nur noch nicht sein Geschenk an Fähigkeiten ausgepackt, das er vom Schöpfer bei seiner Geburt mitbekam. Tatsächlich schlummert in jedem von uns ein unglaubliches Potential, das nur darauf wartet, endlich angezapft und freigesetzt zu werden, um zu der Art von Leben aufbrechen zu können, welches unseren strahlenden und sehnsuchtsvollen Wunschträumen in jeder Hinsicht gerecht wird. Statt auf die "Innere Intelligenz" zu hören, vertraut er ausschließlich seiner "Äußeren Intelligenz", dem begrenzten Verstand. Denke daran: Der Verstand ist zwar ein guter Diener, aber ein miserabler Herr. In Wahrheit ist der Verstand nur der Büroleiter – und nicht der Chef. Sobald wir dem Verstand gestatten, dass er den Chefsessel einnehmen darf, vertrauen wir ausschließlich seiner "Äußeren Intelligenz". Und die ist immer begrenzt. Sobald wir uns wieder der inneren Stimme – der "Inneren Intelligenz" - anvertrauen, kommen wir mit unserem GOTT = ICH BIN in Kontakt – und können somit aus dem Vollen schöpfen. Jetzt ist es höchste Zeit, dass wir unseren Schlüssel gebrauchen und ihn schöpfungsgerecht einsetzen. Wie? Ganz einfach, wann immer Du die Worte "ICH BIN" in den Mund nimmst – sprichst Du das GÖTTLICHE in Dir an. Kannst Du Dir jetzt vorstellen, was wir uns da antun, wenn wir ständig sagen: Ich bin krank! Ich bin pleite! Ich bin alt! Ich bin am Boden zerstört! Du sprichst eine Unwahrheit aus, denn Dein Bewusstsein war noch nie alt, krank oder zerstört! Du hast zwar einen Körper – Du wohnst in ihm, aber Du bist nicht Dein Körper. Du hast Gedanken – Du bist jedoch nicht Deine Gedanken, Du bist aber der Denker dahinter. Du hast Gefühle – Du bist aber nicht Deine Gefühle, Du bist derjenige, der fühlt. Du bist auch nicht der Name, den Du trägst – Du hast nur einen Namen. Dein richtiger Name heißt GOTT – ICH BIN! Mache Dir bewusst: Eine "ERIKA" wird krank, alt und wird einmal sterben. Das, was Du in Wahrheit bist – wird weder krank, noch alt – und wird auch niemals sterben. Wach auf: Du bist ein Teil dieses "EWIGEN, WACHSENDEN BEWUSSTSEINS"! Das war schon immer - das ist heute – und das wird immer sein! Erkennst Du nun – Du bist viel GRÖSSER als Du denkst!

Gehe ab sofort in die richtige SELBSTIDENTIFIKATION!

Nicht in die - eines Opfers, sondern in die – eines Schöpfers!

<u>Und sprich Dein Machtwort:</u>

> **ICH BIN L i e b e!**
> **ICH BIN F r e u d e!**
> **ICH BIN L i c h t!**
> **ICH BIN G l ü c k s e e l i g k e i t!**
> **ICH BIN F ü l l e!**

<u>*Dein Danksatz:*</u> *Danke, dass ich jetzt zum schöpferischen Bewusstsein erwacht bin!*

Was ist positives Denken überhaupt?

Ich möchte Dir zunächst einmal erklären, was "Positives Denken" nicht ist. Es bedeutet nicht alles mit der rosaroten Brille zu betrachten – und alles nur mehr himmelblau zu sehen. Dann blendest Du ja 50% Deines Lebens aus. So ein Denken wäre Selbstbetrug! Auf der anderen Seite – kann es aber auch nicht sein, sich vorwiegend nur mit den Strömen der Zerstörung, der Krankheit, des Leidens und der Katastrophenmeldungen zu verbinden. Auch dann schneidest Du von Deinem Lebensfilm die Hälfte ab. Du würdest Dir nur schaden!
Du wirst vielleicht jetzt einwenden: Aber man muss ja am neuesten Stand informiert sein, oder hörst Du Dir nie die Nachrichten an?
Denke daran: All das, was in Dein Bewusstsein tritt – formt Dich – und hinterlässt in Dir einen Eindruck!

Und wenn der Wächter am Tor Deines Bewusstseins nicht die Kontrolle übernimmt – und lässt auch alle ungebetenen Gäste hinein, dann bekommst Du hier einen Eindruck – und da den nächsten Eindruck – und jenes beeindruckt Dich auch – also da eine Delle und hier auch eine Delle – dann gehst Du mit lauter Dellen und Beulen durchs Leben. Möchtest Du das wirklich?

Ich schaue mir Nachrichten äußerst selten an, warum auch? Da sorgt doch schon meine Mutter dafür, wann die nächste Zeckenschutzimpfung notwendig wäre. Du kannst Dir das natürlich immer wieder antun, aber Du zahlst einen sehr hohen Preis dafür! Warum auch? Wie heißt das 1. Kapitel dieses Buches? "Richtig denken – leichter leben"! Wenn also auch Dein Leben leichter werden soll, dann wirf Ballast ab und lade nicht unnötiges Zeug in Dein Schiff.

Sage lieber:

Ich bin der Kapitän auf meinem Lebensschiff!

Möchtest Du also in südliche Regionen fahren, und wünscht Du Dir Sonne, Wärme, weißen Strand und Palmen, dann solltest Du nicht gleichzeitig unbewusst Richtung Norden steuern, wo Dich Kälte und Eisberge erwarten. Verstehst Du jetzt, was ich damit sagen möchte?

Du kannst nicht die eine Art von Bewusstsein haben - und gleichzeitig eine ganz andere Art von Lebensumstände antreffen!

"Das wäre wider das Gesetz"

Was versteht man nun unter "Positiven Denken" wirklich?

Positives Denken bedeutet, dass Du in jeder Lebenssituation das Beste erkennst und das Beste daraus machst, in der Erkenntnis, alles, was Dir widerfährt, will Dir nur dienen und helfen und fördert Deine Entwicklung. Positives Denken bringt Dir nur dann Erfolg, wenn Du positiv – also aufbauend denkst, und auch positiv handelst. Positives Denken ohne Tun ist tot. Glaube, ohne tätigen Glauben zu praktizieren ist auch tot. Darum hilft Dir das ganze angesammelte Wissen überhaupt nichts, sondern nur das angewendete Wissen (deshalb ist dieses Buch ein Lese- und Lebensbuch) führt letztendlich zur Lebensweisheit. Wenn das positive Denken auf der Verstandesebene stehen bleibt,
bewirkt es nur sehr wenig. Sinnvoll wird es erst dann, wenn Du die Brücke schlägst vom positiven Denken zum positiven Leben. Positive Grundeinstellung bedeutet, dass Du nicht von Grund auf dagegen bist, dass Du mit Dir und dem Leben nicht haderst. Sei auch nicht gegen den Krieg, sondern für den Frieden! Sei nicht gegen einen schwachen, kranken Körper, sondern für einen gesunden, starken und vitalen. Sei auch nicht gegen Deine Schwiegermutter, sonst bleibt sie Dir auf den Fersen. Wie heißt es denn:
Zwei Schwiegermütter gingen baden im See von Berchtesgaden – die eine davon ist ersoffen – und von der anderen wollen wir es hoffen! Ein ganz wichtiger Erfolgsfaktor ist, dass Du Dich nicht ständig ablenken lässt von äußeren Einflüssen. Je mehr Du mit Deiner Aufmerksamkeit nach außen gehst, desto weiter entfernst Du Dich vom Göttlichen Selbst.

> **Die Änderung Deines Bewusstseins ist die einzige Sache, die es wert ist, getan zu werden!**

> **Von Innen heraus bauen wir unsere Lebenswirklichkeit auf und ziehen ständig von außen Dinge, Umstände und Menschen in unser Leben, die dem inneren Kinobild entsprechen!**

Dass Du Dich immer wieder einstimmst auf die Wertigkeit des Lebens, auf das Positive, Heitere, Lichtvolle und Lebensbejahende. Deine Innenwelt ist ursächlich dafür, was Dir in der Außenwelt widerfährt. Wie innen – so außen! Wie "oben im Himmel" – sprich in Deinem Bewusstsein – so unten – "auf der Erde / Lebensbühne" – also in Deinen Lebensumständen!

Im Geist hast Du keine Beschränkungen, da bist Du frei! Denke stets daran: Als Gedankenkraftsender bist Du frei! - Als Tatsachenerntender bist Du gebunden! In der Früh beim Aufstehen, niemand schreibt Dir vor was oder wie Du zu denken hast. Du kannst hinauf denken oder auch hinunter! Deine Gedanken lassen Dich siegen oder auch untergehen. Dein Leben ist wie ein Schleifstein und ob er Dich zermalmt oder ob er Dir den Feinschliff verpasst, hängt einzig und allein vom Material ab aus dem Du gemacht bist! Die einzigen Schranken, die Du Dir auferlegst, sind Deine eigenen durch negative Glaubenssätze, durch falsche Überzeugungen, durch negatives Denken.

Du kannst sehr wohl noch in der unvollkommenen Welt leben und trotzdem in der geistigen Welt Dein neues Leben kreieren. Jeder bekommt genau das, wovon er überzeugt ist - was er in seiner Vorstellung kreiert.

Und nun "Positives Denken" für Fortgeschrittene!

<u>Es bedeutet:</u> Sich jeweils auf das Gedachte, Gesprochene und Erlebte vorher nur positiv einzustimmen, ja ganz einfach einschwingen lassen – und nur darauf positiv zu reagieren! Es gelingt nicht immer, aber immer öfters, wenn wir uns darauf konditionieren.

Denke daran: Das ganze verkrampfte positive Denken nützt uns wenig, wenn wir innerlich genau das Gegenteil erwarten, befürchten, bzw. wenn wir ständig über Negatives sprechen.

> *Erwartungen und Vorstellungen
> bestimmen unser Verhalten!*
>
> *Mein Verhalten bestimmt meine Verhältnisse!*
>
> *Oft getan ergibt Programm!*

<u>Affirmationen am Morgen:</u>

Dieser Tag beginnt mit Gott – dies ist Gottes Tag!
Heute erwarte ich reiche und richtige Ergebnisse!
Heute entscheide ich mich ganz bewusst für einen positiven, glücklichen und erfüllten Tag!
Ich bin ein Glückskind des Lebens!

Und jetzt darfst Du gleich wieder aktiv werden!

1. Schritt: Nimm Papier (Dein Tagebuch) und einen Schreiber zur Hand und mache Dir einmal folgendes bewusst: Was hast Du die letzten zwei Stunden gesprochen? Mit wem – und worüber habt Ihr gesprochen? In welche Richtung schickst Du also Deine Wortenergie? Schreibe alles auf, was Dir einfällt! (Bewusstmachungsübung)

2. Schritt: Beschließe in diesem Augenblick – gleich für die nächste Stunde – keinen einzigen negativen Gedanken zu Ende zu denken – geschweige denn ihn auszusprechen. Denke und sprich in der nächsten Stunde N U R N O C H P O S I T I V E S !

Wenn es für Dich zu schwierig ist, versuche es einmal für die nächsten 10 bis 15 Minuten! Du wirst sehen – mit etwas Geduld, Beharrlichkeit und Disziplin schaffst Du es auch!

Wiederholen wir diese Übung, indem wir versuchen, einen Tag lang nur positive Gedanken zuzulassen. Umfassen wir mit unserem lebensbejahenden Denken alle Bereiche unseres Lebens: Familie, Beruf, Freunde, Gesundheit, Freizeit, Nachbarschaft, Zukunft... Bekämpfe auftauchende negative Gedanken nicht krampfhaft, sondern ersetze sie durch NEUE – freundliche und liebevolle Gedankenimpulse! Dadurch wird Dir das "Positive Denken" nach und nach zur Gewohnheit!

"Sei nicht ein Gedankenverdränger – sondern ein Gedankenersetzer"!

Mit Freude durch den Tag

Mit Freude beginne ich
den heutigen Tag –
weil ich das Leben liebe,
und auch mich selber mag.
An all das Gute will ich denken,
und meinen Mitmenschen
ein Lächeln schenken.
Ich werde meiner Welt
heute das Beste geben –
und kann dadurch mehr Freude
und Harmonie erleben.

Mit Freude durch den Tag

Ein Grundgesetz des Lebens ist die Freude. Das ganze Leben geschieht uns zur Freude und wenn wir uns einen Augenblick nicht freuen können, machen wir bereits etwas falsch. Spürst Du die Freude in Dir? Hast du heute schon gelacht, oder sagst Du womöglich: was soll der Tag schon groß bringen, wenn er mit dem Aufstehen beginnt? Die Kahunas – die weisen Menschen aus Polynesien – sagen: das größte Problem bezogen auf die Menschheit ist das "Freudemangel – Syndrom", das heißt: immer mehr Menschen sind unfähig, die tägliche Freude im Leben auszudrücken. Immer derselbe Stress, die gleiche Routine, immer dieselben Aufgaben und Pflichten – die Kinder, die Hausarbeit und am Wochenende die Verwandtenbesuche, das Geld reicht nie, keine Höhen und keine Tiefen, immer nur diese Mittelmäßigkeit – das stumpft ab. "Soll das etwa alles gewesen sein?", fragen sich viele Menschen im Würgegriff der Monotonie ihres Alltags. Jahrein, jahraus dasselbe! Die Lebensfreude und die Begeisterungsfähigkeit bleiben viel zu oft auf der Strecke. Hast Du das Gefühl – Du wirst von außen gelenkt – fremd- gesteuert? Dieses "Freude – Mangelsyndrom" ist bereits die Vorstufe von der Depression. Zu viel Frust – zu wenig Lust! Leidest auch Du unter diesem Mangel an Freude? Oder kannst Du schon bereits beim Frühstück Bäume pflücken? Weißt Du bei welcher Art von Losen, es die meisten Nieten gibt? Ganz einfach – bei den "Humorlosen"! Und gerade deshalb sollten wir den Humor niemals verlieren. Die Menschen, die wirklich auf dieser Erde zu Hause sind, dass sind die Fröhlichen – die Humorvollen! Menschen, die aus ihrem Herzen leben – und ihren Gefühlen noch freien Lauf lassen. Die sich selbst und das Leben noch intensiv spüren.

Mit Freude durch den Tag

Weder blicke ich
in meinem Leben zurück,
noch werde ich etwas erzwingen,
viel lieber bejahe ich mein Glück –
und kann im Lebensspiel
nur gewinnen.
Ich erkenne nun –
jeder Kampf ist Krampf,
stattdessen tut liebevolle
Gelassenheit und Mut,
wirklich meiner Seele gut.

Denke daran: keiner von uns kann GLÜCKLICH– HABEN, wir können nur GLÜCKLICH – SEIN! Also hat Glück mit Freude- und Glücksgefühlen zu tun! Und die finden immer nur in der Gegenwart statt – weder in der Vergangenheit, noch in der Zukunft. Du kannst nicht sagen: na gut, in einer Stunde werde ich dann glücklich sein! Entweder Du bist es jetzt, oder eben nicht! Frage dich gleich an dieser Stelle einmal: Was macht mich zurzeit wirklich glücklich?

<u>*Denke daran:*</u>
Was nützt es Dir, wenn in der Werbung jeder für seine Produkte wirbt, wenn gleichzeitig die Lebendigkeit des Lebens in Dir stirbt?

<u>*Mache Dir bewusst:*</u>
Traurige Gedanken machen einen
*   traurigen Menschen aus Dir!*

Dumpfe, düstere Gedanken machen einen
*   frustrierten Menschen aus Dir!*

Gedanken an Versagen, Frust und Leid machen einen
*   erfolglosen Menschen aus Dir!*

Ängstliche, sorgenvolle Gedanken machen einen
*   verunsicherten, ängstlichen Menschen aus Dir!*

Krankmachende Gedanken machen einen
*   gekränkten, kranken Menschen aus Dir!*

Freudige, heitere Gedanken machen einen
*   lustigen Menschen aus Dir!*

Erfolgreiche, zielstrebige Gedanken machen eine
*   erfolgreiche Persönlichkeit aus Dir!*

Harmonische, friedvolle, glückliche Gedanken machen
*   einen glücklichen Menschen aus Dir!*

Mit Freude durch den Tag

Meinen Lebenstraum verschiebe ich
nicht länger auf morgen,
ich lebe bewusst im heute –
und vertreibe alle Ängste und Sorgen.
Als Mitschöpfer Gottes
habe ich gute Ideen,
und kommen auch Nebeltage –
kann ich den nächsten
Frühling schon sehen.

*Wieder einmal hältst Du den Schlüssel in Deiner Hand!
"Jeder ist seines Glückes Schmied"!*

**Erteile also keine Landeerlaubnis
für negative Gedanken und Gefühle!**

Erkenne die Wahrheit:

**Denken und Fühlen ergibt
die Wunschverwirklichung!**

**Gedankenklarheit plus Gefühlswärme -
also:
Kenntnis und Gefühl
bringen Dich an Dein Ziel!**

*Affirmationen:
Ich bin jetzt an den Kreislauf des Lichts und der Liebe angeschlossen. Ich strahle Freude aus!*

Ich bin Gottes Liebe in Tätigkeit auf Erden.

Jetzt ist der Zeitpunkt gekommen – HEUTE ist der Tag meines überraschenden Glücks.

Ich strahle heute Freude, Liebe und Begeisterung auf alle Menschen aus – weil ich ein Glückskind auf Erden bin!

Göttliches Licht erleuchtet meine Seele und breitet sich aus in meinem ganzen Sein – ich bin jetzt glücklich!

Mit Freude durch den Tag

Ich pflanze nun gute Samen
in meinen Garten –
und brauche nicht länger
mehr auf Zufälle warten.
Stets werde ich mich um Gesundheit,
Erfolg und liebevolle
Beziehungen bemühen,
und bald darauf werden die zarten
Pflanzen des positiven Denkens,
in meinem Garten erblühen.

Dein Denkinstrument bestimmt Dein Leben

Hast Du Dir einmal folgendes überlegt – für jedes Küchengerät, für jeden Fernseher und jedes Audiogerät, für jede Waschmaschine gibt es eine Gebrauchsanweisung – nur für unser Denkinstrument gibt es keine - oder doch? In der Schule wird so viel Wissen angehäuft – nur wie man im Leben erfolgreich wird – mit seinem Partner glücklich wird – bis ins hohe Alter gesund und vital bleibt – wie man das dauerhafte Glück erlangt – all das wird uns bis zur Volljährigkeit nicht gelehrt. Man darf sich all das einmal selber aneignen, vorausgesetzt Du öffnest Dich im Geist und im Herzen – und bringst ein Mindestmaß an Bereitschaft mit. Es gibt heute jede Menge an Selbsthilfebücher, Kurse, Seminare und Vorträge – und wenn Du im richtigen Chancenbewusstsein lebst, wirst Du die vielen Möglichkeiten sinnvoll nützen. An dieser Stelle darf ich Dir gratulieren, dass Du Dir für Deine Seele und Deine Persönlichkeitsentfaltung auch wirklich Zeit nimmst! Das Glück Deines Lebens hängt von der Beschaffenheit Deiner Gedanken ab. Je nachdem, wie Du mit Deinem Denkinstrument umgehst, ob lebensbejahend, schöpferisch, aufbauend oder lebensverneinend, destruktiv, zerstörerisch, wird Dir die Außenwelt das entsprechend widerspiegeln. Dein Denkinstrument stellt einen Magneten dar und dieser zieht all das in deinen Erfahrungsbereich, was Deiner Geistes- und Gefühlshaltung entspricht. Deine Denkrichtung steuert Wahrnehmung und Ziel zu Reaktionen. Das, wie Du Menschen, Bedingungen, Umstände wahrnimmst, zeichnet Dich entweder als Positiv- oder Negativdenker aus. Wie Du wahrnimmst, hängt von Deiner inneren Gestimmtheit ab. Wenn

Mit Freude durch den Tag

Jetzt weiß ich, in Wahrheit
kann ich niemals verlieren,
indem ich das Glück mit anderen teile,
wird es sich multiplizieren.
Ich sehe in jeder Krise –
die Chance zur Wende,
und gebe meine Verantwortung
nicht mehr in fremde Hände.
Viel lieber werde ich meinem
Schöpfer vertrauen, und kann somit
meiner Zukunft positiv entgegenschauen.

Du Deine Denkrichtung in Richtung Angst und Problemen ausrichtest, dann bist Du entsprechend ohnmächtig. Dann geht Misstrauen von Dir aus. Es bedeutet Verneinung vorhandener Energie. Du bist Sklave der Situation. Dann bist Du in der Opferrolle, du bist auch fremdbestimmt. Wenn jedoch Deine Denkrichtung in Richtung Zuversicht, Allmacht, Freude und Liebe geht, dann geht Vertrauen von Dir aus. Das bedeutet Bejahung vorhandener Energie – Du bist Herr der Situation, der Kapitän auf Deinem Lebensschiff – und hast dementsprechend auch Erfolg im Leben. Jeder ist Mitschöpfer Gottes und Verursacher seines Schicksals. In diesem Zusammenhang ist aber auch das Verantwortungsbewusstsein sehr wichtig.

Alles, was sich in Deinem Wahrnehmungsbereich abspielt, das hast Du selber zu 100% verursacht – dafür trägst Du zu 100% die Verantwortung!

Wenn Du das nur theoretisch akzeptieren kannst, dann bringt Dir das nicht recht viel. Wenn Du aber wirklich felsenfest dahinter stehst und sagst, Du stehst zu dem, wie Du denkst und handelst, welche Worte Deinen Mund verlassen, dann bist Du auf dem richtigen Weg.

Wer nichts fürchtet, der legt seinem Glück und Erfolg nichts in den Weg!

Dein Denkinstrument besteht aus Denken und Fühlen – die Macht des gesprochenen Wortes – Deinen Überzeugungen und Glaubenssätze, Prägungen und inneren Programmen, sowie Deiner inneren Bildergalerie. Die innere Vorstellungswelt ist die Werkstatt Gottes – und die Sprache Deines Unterbewusstseins ist die Sprache in Bildern.

Die meisten Menschen zerstreuen Ihre Energien, Ihre Kräfte. Sie denken in die eine Richtung, sie sprechen in die andere Richtung und ihre inneren Vorstellungsbilder sind wieder entgegengesetzt. Je nachdem, in welche Richtung Du Deine Gedanken schickst, sprich Reichtum oder Armut, Gesundheit oder Krankheit, Lebensfreude oder Frust – wird Dein Leben bestimmt. Das, was Du den ganzen Tag lang denkst, beeinflusst Deine Gefühle, Deinen Gesundheitszustand, Deine Beziehungen zu Deinen Mitmenschen, aber auch Deine Zukunft. Die Suggestivkraft Deiner Gedanken bewirkt, dass jeder Gedanke danach drängt, sich zu verwirklichen. Darum ist es so wichtig, dass Du die Kontrolle und vor allem die Verantwortung über Dein Denken übernimmst. Du kannst den nächsten Urlaub planen, den nächsten Monat, oder das kommende Kalenderjahr – leben kannst Du jedoch nur im HEUTE – im Hier und Jetzt – genau in diesem Augenblick! Und diesen Augenblick solltest Du erfüllen – WOMIT? Mit Freude, Liebe und Begeisterung – also mit Deiner eigenen Liebesschwingung. Die letzte Minute ist bereits Vergangenheit – und die Zukunft hat noch nicht begonnen!

Ich lege den Rucksack der Vergangenheit ab sofort ab!

Jetzt darfst Du wieder aktiv werden!

Schreibe den folgenden Satz mit großen Buchstaben auf ein Blatt:

Das, was ich jetzt denke, verwirklicht sich!

Vergrößere diesen Satz, nachdem Du ihn mit dem Computer geschrieben hast auf das A3- Format – und mache Dir mindestens 3 Kopien davon. Hänge die Blätter mit dem Satz an 3 verschiedenen Stellen auf – z.B. zweimal in Deiner Wohnung und einmal am Arbeitsplatz, genau an die Stellen, an denen Du immer und immer wieder vorbeigehst. Die Übung besteht jetzt darin: Sobald Du positiv und aufbauend gedacht hast – und Du kommst genau an dieser Stelle vorbei mit dem Satz - Das, was ich jetzt denke, verwirklicht sich! - Denkst Du Dir, toll, ich bin ja SPITZE! Ich habe genau richtig gedacht und das verwirklicht sich jetzt, was will ich mehr, ich bin wirklich gut drauf! Wenn Du jedoch an dieser Stelle vorbeikommst und Du hast negativ, herabsetzend und lebensverneinend gedacht, dann erschreckst Du womöglich und sagst insgeheim zu Dir: Hallo Freund, jetzt wird es aber höchste Zeit, dass ich umdenke! Und somit wird für Dich das GANZE greif- und fühlbar. Du bekommst ein Gespür dafür! Mache nun diese Übung für die nächsten 3 Wochen und Du wirst sehen es geht immer und immer besser – mit dem "POSITIVEN DENKEN"! - Und nun viel Erfolg dabei!

**Der Narr wird von seinen Gedanken beherrscht –
Der Weise hingegen beherrscht seine Gedanken!**

**Der Narr tut, was er nicht lassen kann.
Der Weise lässt, was er nicht tun kann.
China**

**Ehe Du anfängst, die Welt zu verändern,
gehe dreimal durch Dein eigenes Haus!
China**

Pass auf, was Du denkst – denn was Du denkst das kommt!

Alles beginnt durch und mit Deinen Gedanken. Gedanken sind wie Bausteine, und wenn Du mit Deiner Schöpferkraft aufbauend und schöpfungsgerecht umgehst, dann kannst Du Dir Dein Traumschloss errichten. Du kannst also Dein Leben nach Deinen Wünschen und Idealen formen und gestalten. Wenn Du allerdings unkontrolliert und ziellos Deine Gedanken schweifen lässt, und der Zweifel in Dir steckt – dann wirst Du normalerweise nur zweifelhafte Resultate zeitigen. Verschwende Deine wertvolle Energie nicht länger durch Ängste und Sorgen oder einer negativen Haltung, sonst landest Du in einer alten Ruine, anstatt in Deinem Traumschloss! Pass also auf, was Du denkst, denn was Du denkst – das kommt. Im Guten, wie im Schlechten! Zwei Frauen fuhren mit dem Zug nach Zürich. Eine dieser beiden Frauen kritisierte alle Fahrgäste im Zugsabteil. Die eine Person saß mit dem Wintermantel im beheizten Wagon, die andere Dame hatte so knallrote Stiefel an, das störte sie auch, der andere Mann war total unrasiert und rauchte eine Zigarre, die andere Frau war ihr zu fettleibig. Sie zog ganz einfach über alle her! Beide Frauen kamen in Zürich am Hauptbahnhof an, stiegen aus, und gingen die Bahnhofsstrasse entlang. Da kam ihnen auf halber Strecke ein Penner entgegen. Und weißt Du, was dieser Penner gemacht hat? Der hat einer dieser beiden Damen genau auf den Ärmel gespuckt! Dreimal darfst du raten, welche dieser beiden Damen angespuckt wurde? Natürlich genau diese Frau, die über alle herzog. Und sie schimpfte: Was leben wir nur in einer schäbigen Welt, wie komme ich dazu, dass ich hier in Zürich angespuckt werde? Ich kann es einfach nicht fassen! Wie heißt es so schön? Die Welt ist das – wofür Du sie hältst! Die Reaktion dieser Frau war entsprechend destruktiv – wie könnte es auch anders sein? Dass sie aber, alle anderen Fahrgäste im Zug geistig – seelisch angespuckt hat, auf diese Idee wäre sie nie gekommen! Darum pass auf, was Du denkst – denn was Du denkst das kommt! Im Guten, wie im Schlechten. Noch ein anderes Beispiel: Bei einem Ehepaar fragt der Mann die Frau – ach Schatzi, sei doch so lieb und streich mir die Brote! Und die Frau sagte darauf: Ich bin doch nicht blöd und werde Dir die Brote streichen! Der Mann hatte Selbstbewusstsein und erwiderte: brauchst Du auch nicht! Dann wird sie mir halt eine andere streichen! Und die streicht mir die Brote besser als Du! Und in der Wirtschaft, wenn Du Dich nicht um diesen Auftrag bemühst, dann warten schon zehn andere Firmen darauf, die auch ein tolles Angebot erstellen. Was will ich damit sagen? Gib immer Dein BESTES, denn dadurch zahlst Du ein Guthaben auf Deiner Lebensbank ein – und das verzinst sich – und früher oder später bekommst Du es verstärkt wieder retour. Gebe immer 110% bis 120%! Wenn Du nicht Dein BESTES gibst, dann tut es eben ein anderer! Und Du gehst entweder leer aus, oder zumindest wirst Du enttäuscht! Das erinnert mich an einen Witz – wie ein großer, dicker, schwerer Braunbär dasitzt, er beklagt sich: Alle wollen mein BESTES, aber ich gebe es nicht her! Gib es her, denn alles, was Du für andere tust – tust Du letztendlich auch für Dich! Oder nimm nur die Angst her, sie zieht genau das an, was sie beinhaltet. Um zwei Uhr in der Früh wird die Fensterscheibe im Schlafzimmer eingeschlagen, der Einbrecher steht im Zimmer. Der Ehemann springt auf, und sagt: Gott sei dank, endlich sind sie hier, meine Frau glaubt schon seit 15 Jahren sie seien gekommen!

Lass Frieden auf Erden sein

Lass Frieden auf Erden sein,
und lass ihn in meinem Gemüt beginnen,
ich reiche heute dem Nächsten die Hand,
nur so können wir Morgen
auch noch gewinnen.
Mein innerer Friede
ist mein wichtigstes Ziel,
lass uns Hilfe und Liebe leben,
oder verlangt das Leben
von uns etwa zuviel?

Lass Frieden auf Erden sein

Lass Frieden auf Erden sein, und lass ihn in meinem Gemüt beginnen. Was ist überhaupt Friede – nur die Abwesenheit von Krieg? Ich glaube Friede ist mehr! Frieden ist gleichbedeutend mit Weisheit. Wenn wir uns im Zustand der Ruhe, der Ausgeglichenheit, des Gebets, der Meditation befinden, gelangen wir zum Frieden. Frieden kann niemals in der Vergangenheit oder in der Zukunft gefunden werden, sondern immer nur in diesem Augenblick – im JETZT! Was müssen wir also tun, um das Leid zu überwinden, um Sicherheit und Frieden zu finden? Wir müssen versuchen, das scheinbar Unmögliche zu tun, das heißt, in Glauben und Vertrauen uns Gott anheim zugeben. Gibt es überhaupt eine Sicherheit im Leben? Im Außen sicherlich nicht – wenn es eine Sicherheit überhaupt geben kann, dann ist es dieses Gefühl der Verbundenheit mit Gott, mit dem Lebensganzen. Im Gebet werden wir von Gedanken des Friedens erfüllt, und an diesem müssen wir festhalten, auch wenn die "Welt" uns wieder in ihren Bann schlägt.

> **Es gibt keinen Weg zum Frieden,
> wenn nicht der Weg
> schon Friede ist.**

M. L. King

Wie würdest Du Dein Leben jetzt gefühlsmäßig beschreiben? Bist unbekümmert und sorglos oder angespannt und nervös? Fühlst Du Dich angenehm entspannt oder unter Druck gesetzt? Nun Du bist ja ein "Schöpfer" – und Du kannst jederzeit umschöpfen! Du kannst mehr Frieden schaffen!

Lass Frieden auf Erden sein

Sei für den Frieden

und nicht gegen den Krieg,

nur wenn alle Beteiligten gewinnen,

ist es auch für Dich ein Sieg!

Solange das Hässliche

in der Welt wuchert,

fühlt sich unsere Mutter Erde mies,

erst durch Liebe, Schönheit und Frieden

erhalten wir das Paradies.

Sei also nicht mehr gegen den Krieg – sondern für den Frieden! Ich meine nicht die Kriege draußen in der weiten Welt – nein, dieser tägliche Krieg besteht noch in etwas anderem, nämlich darin, dass ich meine Mitmenschen nicht annehmen, anerkennen, akzeptieren kann. Darin, dass ich meine stärker, besser, intelligenter sein zu müssen, tüchtiger erfolgreicher, schneller als der andere, dass ich meine, ihn übertrumpfen zu müssen, ihn unterdrücken zu müssen. Mit anderen Worten: Das ist der tägliche Unfriede.
<u>*Denke daran:*</u> *Ob eine Nation mit einer anderen Krieg führt, oder ob ich nur Streit mit meinem Flurnachbarn habe – ist kein Unterschied der Art, sondern nur ein Unterschied des Grades. Denke bitte einmal darüber nach!*

Bitte, Du darfst schon wieder aktiv werden! Mache folgende Übung: Nimm Papier – Dein Tagebuch und einen Stift zur Hand!
<u>*Beantworte Dir folgende Frage:*</u>
In welchem Bereich meines Lebens kann ich H E U T E (mehr) Frieden schaffen?

<u>*Bitte mache Dir auch folgendes bewusst:*</u>

Ich kann heute mehr Frieden schaffen, indem ich andere gedanklich in R U H E lasse!

Denke also nicht ständig daran, wie Deine Mitmenschen über Dich denken. Was sie Dir vergönnen und was nicht! Wie sie über Dich sprechen, was Du zu tun hast oder nicht.
Was für Dich das Beste wäre, oder was Du zu unterlassen hast. Welchen Umgang Du pflegen solltest u. s. w.

Lass Frieden auf Erden sein

Nur wer Freude und Frieden ausstrahlt,

erweitert seinen Horizont,

hingegen Selbstsucht und Machtspiele,

haben sich bis heute nicht gelohnt.

Es gibt zwar keine Entschuldigung

für Gewalt in der Familie

und bei Kindern der sexuelle Missbrauch,

jedoch verspüren die Betroffenen

nach Jahren immer noch Ohnmacht,

Angst und eine gewisse Wut im Bauch.

Frieden ist etwas, was im Gemüt des Einzelnen zunächst einmal hergestellt werden muss. Wir vergessen, dass Seelenfrieden eine innere Angelegenheit ist und dass es durch einen friedvollen, liebevollen Geist möglich ist, eine friedvolle Wahrnehmung der Welt zu erleben.

Mein innerer F R I E D E ist mein wichtigstes Ziel!

Mein Schutzgebet:

Gottes Friede strömt mit jedem Atemzug tief in mich ein. Ich bin jetzt von seinem Leben erfüllt. Das tut mir gut. Sein liebendes Licht umhüllt mich und beschützt mich. Göttlicher Friede durchströmt meinen Geist, meinen Körper und mein ganzes Gemüt. Ich will jetzt in der Stille den Frieden erleben, indem ich mich mit allen und allem verbunden fühle. Der Vater und ich sind eins. Ich strahle Frieden, Licht, Glückseligkeit und Liebe auf alle Menschen aus. Mit meinem Vorstellungsvermögen heile ich jetzt meinen Körper, meine Beziehungen zu all meinen Mitmenschen, sowie den gesamten Wirkungsbereich in dem ich lebe. Ich kann heute Frieden stiften, indem ich dem Traurigen oder Einsamen die Hand halte. Ich bitte um Verzeihung, wenn mich jemand verletzt hat – und ich zeige Mitgefühl demjenigen, dem man Unrecht getan hat. Durch die kleinste Friedensgeste erlange ich heute mehr Harmonie und innere Ruhe. Ich umhülle die ganze Erde mit meiner Liebesschwingung und umarme alle meine Lieben, die mich auf meinem Weg zu mehr Glück und Erfolg begleiten. Ich pflanze jeden Tag Saatgedanken der Liebe, Freude und Dankbarkeit in meinen Seelengarten ein und bin unendlich dankbar für mein Leben in Frieden und Freiheit!

Lass Frieden auf Erden sein

Und der Hund ist der letzte

in dieser Kette der Gewalt,

solange immer noch so viel

Feindschaft herrscht, bleiben unsere

Beziehungen sinnlos und kalt.

Mensch wach auf und beginne

Dich zu verwandeln,

die Natur, das Tier und

Deine Mitmenschen, lassen sich nicht

ständig von Dir misshandeln!

Damit wirklich Frieden in der Welt geschehen kann, muss er in Dir geschehen, das geht gar nicht anders. Die Welt setzt sich aus so vielen Individuen zusammen, und Du bist ein Teil von ihr. Ein Einzelner kann sicherlich nicht die ganze Welt retten, oder alle Menschen zur Veränderung bewegen, aber Du kannst das Bewusstsein von Frieden, Liebe und Harmonie in Dir stärken und den wahren Seelenfrieden in Dir finden. Dann bist Du ein(e) Lichtdienende(r)!

Wahrer Frieden ist das Bewusstsein der Erleuchtung, des Einen Seins. Wahrer Frieden lässt Dich in Dir ruhen, gibt Dir diese unerschütterliche Gelassenheit und Sanftmut, manchmal aber auch eine kämpferische Kraft, die Dich nicht gegen etwas kämpfen, sondern für etwas eintreten lässt. Wahrer Frieden ist nicht von äußeren Geschehnissen abhängig, wahren Frieden findest Du nur in Deiner Seele, ganz tief in Dir, in der Bewusstheit der Einheit in allem, was ist. Durch diese Brücke des Lichtes und der Liebe, durch diese Brücke des Friedens strahlt Dein Herz im goldenen Licht – und der Engel des Friedens breitet seine Schwingen über Dich aus.

Ich öffne mich jetzt dem Bewusstsein unendlicher Liebe, und verspüre tiefe Dankbarkeit für alles, was ist - für mein Leben in Fülle, für die Einzigartigkeit, die Schönheit der Natur, und für die tausend Chancen, die mir jeder Tag bietet. Ich verneige mich vor der vollkommenen Göttlichkeit, vor der Vollkommenheit in allem, was ist. Ich strahle jetzt die Energie des Friedens auf alle Lebewesen aus. - Danke, so ist es!

Lass Frieden auf Erden sein

Lass nichts Böses

in Deinen Gedanken sein,

bring lieber ein Licht ins Dunkel hinein.

Auch wenn so viele Menschen

vom Hass heimgesucht werden,

glaube ich immer noch

an das Gute auf Erden.

Lass Frieden auf Erden sein,

weil Du neu erlebst,

was Leben heißt,

wenn Du auf Wolken schwebst.

Optimiere Deine positive Lebenseinstellung

Wir alle betrachten das Leben, die Dinge, ja alles Geschehen aus einer bestimmten Blickrichtung. Diese Blickrichtung hängt ab von der Wellenlänge, auf die wir unsere geistige Antenne ausgerichtet haben. Wenn Du bester Laune bist, und Du drehst das Radio auf, wirst Du Dir nicht einen Trauermarsch anhören. Du stellst einen anderen Sender ein, vielleicht mit einer Sportübertragung oder einem Wunschkonzert. Etwas was Deiner Stimmungslage entspricht. Ja, die Lebenseinstellung hat mit unserer inneren Gestimmtheit zu tun. Es gibt doch grundsätzlich zwei Typen von Menschen. Der eine ist sozusagen der "Talmensch", der Negativdenker, der PESSIMIST – das ist derjenige, der die Mundwinkel nach unten zieht, oft grantig ist, und ständig mit einem schlechten Ausgang einer Sache rechnet. Er ist auch nicht so beliebt bei seinen Mitmenschen. Ständig projiziert er die Schuld auf andere. Auf der anderen Seite gibt es den "Höhenmenschen" – den "sonnigen Typen" – den Positivdenker – den OPTIMISTEN - das ist derjenige, der die Mundwinkel nach oben zieht, eine angenehme Ausstrahlung hat, öfters mit einem guten, positiven Ausgang einer Sache rechnet, er ist gut drauf, und ist auch beliebt bei seinen Mitmenschen. Er lebt selbstverantwortlich und ist erfolgreich im Leben. Wie sagte schon Heinz Rühmann: Ein Optimist ist jemand, der alles nur halb so schlimm, und doppelt so gut findet. Ich würde aus meiner Erfahrung sagen: Der Pessimist richtet seinen Blick ständig nach hinten und nach unten – der Optimist richtet seinen Blick hingegen nach vorne und nach oben. Das ist der Unterschied. Optimisten wandeln auf der Wolke, unter der die Pessimisten Trübsal blasen. Eine positive Lebens-

einstellung fällt uns nicht einfach in den Schoß. Wir sollten sie ständig pflegen und erneuern. Was macht jetzt eine positive Lebenseinstellung aus? Pflegst Du sie auch ständig, wie Dein eigenes Haus? <u>Denke daran:</u> *Jeder Tag ist ein Geschenk des Lebens! Öffne Dich dem Glück, der Liebe, den unzähligen Möglichkeiten – und erkenne, in diesem Chancenbewusstsein, sind all Deine Bemühungen niemals vergebens.*

<u>*Beispiel:*</u> *Zwei Männer sind eingesperrt, ganz unten im Keller. Nur ein kleines Fenster haben sie zum rausschauen. Beide Männer schauen hinaus – der eine sieht den Strassendreck – und der andere die Sterne! Worauf richtest Du ständig Deinen Blick? Auf das Hindernis, oder auf das Fördernis. Auf das Wesentliche, oder auf das Unwesentliche? Konzentrierst Du Dich auf die Probleme und Schwierigkeiten, oder auf die tausend Möglichkeiten, die Dir jeder Tag aufs Neue bietet? Sei kein "BLINDER", sondern ein "ÜBERWINDER"! Jeder sieht durch die Brille, die für ihn passt! Wir haben alle eine "geistige Brille" auf, durch die wir unsere Umwelt betrachten. Diese geistige Brille verleiht allen Dingen, allen Menschen, allem Geschehen eine bestimmte Bedeutung. Wir könnten auch sagen, dass wir alles und jeden mit unserem "Geistigen Auge", oder durch unsere "Persönlichkeitsfilter" wahrnehmen. Diese Brille ist unser FILTER- und unser BEWERTUNGSSYSTEM. Wie wir etwas durch diese Brille deuten, bewerten, interpretieren, hängt von unserer persönlichen Entwicklung, von unserer Erziehung ab, von den inneren Programmen, vor allem aber von unserem Selbstwertgefühl.*
<u>*Vergiss niemals:*</u> *Du kannst selbstbewusst "JA" sagen! Du kannst selbstbewusst "NEIN" sagen! Du kannst selbstbewusst "WÜNSCHE" einfordern!*

Ganz gleich, welche Schwierigkeiten sich uns in den Weg stellen, wie aussichtslos unsere Lage zu sein scheint, wie wir den Herausforderungen des Lebens begegnen mögen? – Bewahren wir uns eine POSITIVE INNERE HALTUNG, haben wir im Grunde genommen schon gewonnen. Das einzige, was Du dafür benötigst: ist ein

"GEWINNERBEWUSSTSEIN"

Lebe einfach in dem Bewusstsein: dass ALLES zu Deinem BESTEN geschieht! Alles, will Dir nur dienen und helfen und fördert Deine Entwicklung.
Erinnere Dich: einen Augenblick, bevor es Dich gab, haben sich 300 Millionen Samenzellen auf den Weg gemacht, um das "EINE EI" zu befruchten. Viele haben das Ziel erreicht, jedoch nur EINER hat es geschafft, hinein zu kommen – DU! Ja, genau DU hast als "GEWINNER" schon begonnen. Du brauchst das nur im JETZIGEN LEBEN fortzusetzen. Niemals stehst Du heute im Leben so einer mörderischen Konkurrenz gegenüber – 300 Millionen trainierten Konkurrenten – Du hast es geschafft! Du hast als "GEWINNER" schon begonnen. Du brauchst das nur im weiteren Leben fortzusetzen.
Sage immer wieder zu Dir selbst:
Du schaffst es! Du kannst es!
Du bist die "SIEGHAFTE GEGENWART"!
Du kannst durch Gedankenkraft die Illusion der Begrenztheit überwinden!
Du bist ein "ÜBERWINDER"!
Du beherrscht jetzt die hohe Kunst des "WANDELNS"!
Du bist ein "GEWINNER"!
Denke daran: Ob eine schwarze Katze für Dich Pech bedeutet, hängt einzig und allein davon ab, ob Du eine MAUS bist, oder ein MENSCH!

Vielleicht bist Du Brillenträger – was passiert, wenn Du Deine Brille mehrere Tage nicht mehr reinigst? Du siehst Deine Welt verschwommen! Was geschieht, wenn Du Deine Wohnzimmerfenster mehrere Monate nicht mehr putzt? Das Sonnenlicht kommt nur mehr trüb in Deine Wohnung! Sobald Du Deine Brille, Deine Wohnzimmerfenster reinigst, erstrahlt Deine Welt wieder in den schönsten Farben. Dein Glücksgefühl und Deine Lebendigkeit werden dadurch gesteigert. Wenn wir diese Beispiele auf unser gesamtes Leben übertragen – das heißt: sobald wir unsere "Geistige Brille" wieder reinigen, unsere "Persönlichkeitsfilter" wieder säubern, befinden wir uns automatisch in der
"AUFWÄRTSSPIRALE" – AUFWÄRTS – GOTTWÄRTS – LICHTWÄRTS!

**Lieber Freund, was willst Du mehr –
Du fühlst Dich innerlich nicht mehr leer!
Brauchst nicht mehr länger übers Ziel zu schießen –
und kannst Dein Leben wieder voll genießen!
Sonnenaugen musst Du haben –
denn sie zählen zu Deinen wertvollsten Gaben.
Öffne Die Tore Deines Bewusstseins
für die göttliche Gegenwart ganz weit in Dir –
und lebe verantwortungsvoll im JETZT und HIER!
LOSLASSEN – GESCHEHENLASSEN – FLIESSENLASSEN – machen den Wert
des Lebens aus –
tritt nun im "GEWINNERBEWUSSTSEIN"
und als "GLÜCKSKIND" ins Leben hinaus!
Reinige Deine Fenster – und Du hast ihn wieder –
den klaren Blick –
schaue immer nach vorne – und nie zurück!**

Reinige Deine Fenster!

Wenn die Fenster Deiner Seele schmutzig und mit allerlei fremden Dingen verdeckt sind, dann siehst Du natürlich auch die Welt durch sie schmutzig und in Unordnung. Aber das wisse: Dein Nächster, der seine Fenster rein hält, lebt in einer ganz anderen Welt als Du. Darum gehe und reinige Deine Fenster.

Trine

3 Positiv – Regeln

Um eine positive Einstellung zum neuen Tag zu erhalten, solltest Du drei Regeln beachten:
1. Jeden Tag etwas tun, das Dir sehr viel Freude bereitet.
2. Jeden Tag etwas tun, das Dich spürbar Deinen persönlichen Zielen näher bringt.
3. Jeden Tag etwas tun, das Dir einen Ausgleich zur Arbeit schafft (Sport, Familie, Hobby etc.)

3 wesentliche Punkte, um Deine Positive Lebenseinstellung zu erhalten bzw. zu erneuern:

1. Achte auf die Einflüsse, die Dich täglich erreichen! Zeitschriften, Fernsehen, Medien, Gespräche und Fremdbeeinflussung – geistige Abfallnahrung vermeiden!
2. Positive oder Negative PUNKTE verstärken! Es wird zur Gewohnheit ständig das Positive oder das Negative hervorzuheben. "Zeitungen lesen – Gespräche führen – Arbeitstag – Freizeitbereich" – Das, was Du denkst und sprichst zeigt wer Du bist!

3. Zähle 5 positive Dinge in Deinem Leben auf! (Menschen, Aktivitäten oder Ähnliches, die Dich positiv stimmen). Diese Faktoren sind Deine persönlichen Asse! Zum Beispiel: Dein Garten, wenn Du Hobbygärtner bist, oder Deine Enkelkinder – Dein Traumpartner – Dein schönstes und liebstes Urlaubsziel – Deine Lieblingsmusik – Deine Berufung, also die Tätigkeit, wobei Du den Hals niemals voll bekommst – Dein Traumhaus / Wohnung – Dein neues Auto – oder was auch immer! Das sind Deine persönlichen Lebensanker! Wann immer es Dir schlecht geht – oder auch sehr gut, Deine persönlichen Lebensanker solltest Du immer griffbereit haben! An diese Asse darfst Du Dich klammern! Sie sind ja schließlich ein Teil von Dir!

Zum Schluss noch ein kleiner Witz: Ein junger Mann wird zum Bundesheer einberufen – und als er zum Feldwebel kommt, fragt der: "Name?" Und er sagt: Wo iss er denn? Er fragt nochmals: "Wie heißen Sie?" Er sagt wieder: Wo iss er denn? Der Feldwebel denkt sich: Ein Verrückter! Der junge Mann wird zum Psychiater geschickt, der fragt ebenfalls: "Name?" Aber der junge Mann antwortet immer und immer wieder, auf alle gestellten Fragen: Wo iss er denn? Dann kommt er wieder zurück zum Feldwebel und dieser sagt: "Mein lieber junger Mann, sie sind geistig unterbelichtet, wir können hier beim Bundesheer mit ihnen wirklich nichts anfangen. Hier haben sie ihren Entlassungsschein!" Da sagt er darauf: "Ja, hier iss er ja!" Dieser junge Mann wusste genau, was er wollte und er hat es auch bekommen! Gehe auch Du mit dieser "Wo iss er denn Einstellung" durchs Leben! Auch, wenn die anderen Dich steinigen. Wo ist denn die Erfüllung? Die muss ja da sein!

Das Geheimnis der Resonanz entdecken

Im Oxford-Wörterbuch wird der Begriff "Resonanz" folgendermaßen definiert: "Reaktion einer Schwingung auf ihre eigene Frequenz". Metaphysiker verweisen in Sachen Resonanz auf das universale Resonanzgesetz. Dieses Gesetz drückt im wesentlichen aus, dass Gleiches Gleiches anzieht. Gleiches zieht Gleiches an, baut sich auf und verstärkt sich entsprechend, je nach Intensität unserer Eigenschwingung. Da wir Menschen Energiewesen sind, besitzt jeder einzelne von uns, seine einzigartige persönliche Schwingungsfrequenz, welche die Gesamtsumme all dessen darstellt, was er im Lauf von Äonen durchlebt hat. Man kann auch sagen: Das Gesetz der Resonanz ist das Gesetz der Übertragung von Energie. Denn jede Schwingung überträgt die in ihr wirkende Energie auf jeden gleichschwingenden Körper. Nach dem Gesetz der Resonanz ziehen wir also Menschen, Dinge, Umstände, Ereignisse und Situationen in unser Leben, die unserer Eigenschwingung entsprechen. Wir umgeben uns ständig mit unseren Spiegelbildern. Du kennst sicherlich auch die Spiegelgesetze: Das, was mich an Dir stört, ist mein Problem! Der andere versetzt mich zum Beispiel mit "Ärger" in Resonanz. Er bringt also eine Seite in mir noch zum Erklingen, wofür ich resonanzfähig bin. Das heißt: das sogenannte Fehlverhalten, den Mangel trage ich auch noch in mir, und mein Gegenüber versetzt mich in Schwingung. Somit sind wir für die verschiedensten Bereiche im Leben resonanzfähig: wie Liebe, Wut, Ärger, Glück, Misstrauen, Erfolg, Leiden, Kränkungen, Probleme und Schwierigkeiten. Du hast recht, es gibt viele Ärger auslösende Situationen und Menschen. Dennoch der Ärger findet immer nur in Dir statt. Erkenne doch: Jeder Ärger, macht es für mich nur noch ärger! Jede Lieblosigkeit isoliert zunächst einmal mich selbst. Jede Aggression, die von mir ausgeht, schwächt zunächst einmal mein eigenes Leistungsvermögen. Das heißt: wenn ich mich nicht ständig über alles und jeden aufregen möchte, muss ich in mir die "Resonanzfähigkeit für Ärger" auflösen. Dann wird das im Außen entsprechend wiedergespiegelt. So einfach wäre das, wenn wir nicht so große Gewohnheitstiere wären. Ich weiß, dass nichts und niemand mich ärgern kann, wenn ich das nicht zulasse. Und die Weisheit der Sprache sagt es ganz genau: Ich habe mich wieder über "den" geärgert! Ich habe es getan, ich kann es genauso gut lassen. Es kommt immer auf meine Einstellung an, ob ich mich ärgern will oder nicht. Indem ich mich ärgere, wird dadurch nichts besser. Sich ärgern bringt nichts als neuen Ärger. Sich ärgern ist Unfug, den wir uns gar nicht leisten können. Oft verheizen wir das ganze Holz, das wir über viele Monate gesammelt haben, an einem Tag. Vor allem ist der Ärger ein großer Energieräuber, er raubt uns die Gesundheit, die Vitalität und die Lebensfreude. Obwohl jeder Mensch nur eine begrenzte Resonanzfähigkeit besitzt, glaubt jeder, die gesamte Wirklichkeit wahrzunehmen. Wenn Du zum Beispiel dieses Buch liest, glaubst Du das ganze Buch aufgenommen zu haben. Du unterliegst einem großen Irrtum, denn liest Du dieses Buch nach Jahren später wieder, wirst Du ganz andere Dinge daraus entnehmen. Deshalb meine Empfehlung: nur mit dem gelben Signierstift lesen – Du kannst nach gewissen Zeitabständen die Unterschiede deutlich erkennen. Wie wirkt sich das Resonanzgesetz noch aus? Nimm eine schwangere Frau her, die durch die Fußgeherzone einer Stadt geht, sie sieht plötzlich nur noch Frauen, die auch schwanger sind, bzw.

mit einem Kinderwagen unterwegs sind. Du interessierst Dich für ein neues Auto – Du möchtest diesen Wagen auch kaufen – eine bestimmte Marke, womöglich mit Sonderausstattung und in Deiner Lieblingsfarbe rot. Während Du noch mit Deinem alten Wagen unterwegs bist, siehst Du immer öfters Dein Traumauto mit Sonderausstattung und natürlich in rot. Du siehst Dir diesen Wagen beim Händler an, sprichst mit Deinen Freunden darüber und kannst bei Dir selber feststellen, wie Dein Traumauto immer mehr Gestalt in Dir annimmt. Die Energie folgt Deiner Aufmerksamkeit! Noch ein letztes Beispiel: Du interessierst Dich für ein ganz bestimmtes Wissensgebiet, für ein ausgefallenes Thema. Ganz ahnungslos gehst Du durch den Stadtpark, und ganz gegen Deine Gewohnheit setzt Du Dich auf eine Bank. Normalerweise blickst Du auch nie in den daneben stehenden Mülleimer, doch plötzlich schaust Du darauf – und entdeckst sofort, ganz oben, eine alte Zeitung, mit genau Deinem Thema. Die große Überschrift sticht Dir sofort ins Auge, und Du denkst Dir: na so was, liegt hier genau diese Zeitung mit diesem Artikel über mein lang gesuchtes Thema! Alles Zufall? Nein, es gibt keinen Zufall! Es ist Dir nach dem Resonanzgesetz zugefallen! So zieht der Pechvogel den Unglücksraben magnetisch an, der Glückspilz seine Traumprinzessin und der Erfolgreiche die richtigen Menschen, die ihn fördern.

<u>"Du hast immer die Wahl"!</u>

Bewusst oder unbewusst hast Du immer die Wahl, zu entscheiden was in Deinem Leben passiert und mit welchen Schwingungen Du in Resonanz gehst.

<u>(Wo Du mitschwingst)</u>

Wo Du auch immer mitschwingst, Du allein triffst die Wahl! Wie das Geheimnis der Resonanz sich in meinem Leben auswirkt, allein damit könnte ich ein ganzes Buch füllen. Dennoch möchte ich zwei Beispiele aus meinem eigenen Leben hier noch anführen, um Dir zu zeigen, wie es wirkt. Es war heuer zu Pfingsten, ich lese am Pfingstsonntag gerade meine Zeitung, die Salzburger Nachrichten, die ich jeden Samstag bekomme, und entdecke im Teil über Video und Fernsehen einen Bericht über Inge Meysel. Da sie eine meiner Lieblingsschauspielerinnen ist, lese ich den Artikel mit dem Hinweis: sie ist gerade 94 Jahre alt geworden, sie ist gestürzt, und es geht ihr nicht besonders gut. Aus diesem Bericht entnahm ich, dass am Pfingstmontag im ARD um 20.15 Uhr ihr letzter Fernsehauftritt ist. Sie spielt in einem Kriminalfilm mit dem Titel "Polizeiruf Nummer sowieso" ein letztes Mal mit. Ich denke mir, toll, das schaue ich mir morgen an! Gesagt – getan, ich drehe meinen Fernseher am Pfingstmontagabend auf. Ich habe nach ca. 20 Minuten gerne wieder ausgeschaltet. So ein Schwachsinn an Handlung, ein Krimi, bei dem das Nervenkostüm angegriffen wird und das sollte ich mir 90 Minuten lang hineinziehen? Danke, nein! Ein Krimi oder ein Horrorfilm ist nicht mehr meine Schwingung. Da können drei Lieblingsschauspieler mitwirken, so etwas tue ich mir wirklich nicht mehr an. Das zweite Beispiel könnte man als Wunder bezeichnen, jedoch nur dann, wenn man das Resonanzgesetz nicht kennt. Es ist bereits zwölf Jahre her, es war 1992, während meiner Ausbildungszeit zum Persönlichkeitstrainer in Bremen. Ich fuhr insgesamt acht Mal zu einem Ausbildungswochenende nach Bremen – Freitagabend hinauf, und Sonntagabend wieder zurück über München nach - Salzburg.

Wieder einmal war ein Praxiswochenende vorüber, und ich trat gerade die Heimreise an. Ich verließ Bremen pünktlich mit dem Regionalzug und musste in Hannover umsteigen in den ICE - Schnellzug, der von Hamburg herunter kam. Ich stand bereits am richtigen Bahnsteig mit meinem Gepäck, wartend auf den ICE, der in Kürze eintraf. Da der ICE – Zug sitzplatzpflichtig ist, und am Sonntagabend besonders viele Menschen nach München reisten, dachte ich mir: super, du hast ja deinen reservierten Platz! Kurz darauf fuhr der Zug aus Hamburg kommend in den Bahnsteig ein. Es war ein besonders schöner Zug mit 13 langen Wagonwagen hintendran. Ich schaute auf meine Fahrkarte mit der richtigen Wagonnummer 9 und Sitzplatznummer 36 - alles ging sehr schnell, und ich war echt froh darüber bei diesem Andrang, endlich meinen Platz einzunehmen. Als ich es mir im Zugsabteil gerade so richtig gemütlich machte, bemerkte ich, dass mir eine Frau gegenüber saß, sie hielt ein Goldmann-Taschenbuch über positives Denken in Händen. Ich dachte mir: diese Dame spreche ich jetzt an, da haben wir sicherlich einen tollen Gesprächsstoff. Wir kamen sofort ins Gespräch, ich erzählte über meine Ausbildung zum Persönlichkeitstrainer in Bremen und über ihr Buch fanden wir auch einen guten Einstieg. Während wir uns eine Zeitlang unterhielten, teilte sie mir mit, dass auch sie eine Ausbildung in der Schweiz machte mit einer schönen Abschlussreise nach Ägypten zu den Pyramiden, und sie habe die gesamten Unterlagen zum Lebensberater von Kurt Tepperwein bestehend aus einer dicken Mappe und 12 Kassetten mit im Handgepäck. Ich erwiderte, das ist ja interessant, auch ich interessiere mich für die Ausbildung zum Lebensberater. Da sagte sie spontan darauf: die können sie von mir haben, ich gebe ihnen den Ordner und die 12 Kassetten mit, sie können sich in Ruhe alles kopieren, und anschließend schicken sie mir das Ganze nach ein paar Wochen wieder zurück! Das nenn ich Vertrauen! Dieser Sonntag war für mich ein besonderer Glückstag. Stell Dir vor, es fährt ein Zug mit 13 Wagons ein, und ich sitze genau in diesem Wagon – Nummer 9 auf den Platz mit der Nummer 36, wo mir genau die Frau gegenüber sitzt, mit den gesamten Unterlagen zur Ausbildung zum Lebensberater. Es kostete mich außer Kopierkosten und Porto kein zusätzliches Geld – man kann sagen: GRATIS also ein GESCHENK des HIMMELS – Danke, Danke und nochmals Danke! Nach drei Wochen schickte ich die Unterlagen wieder zurück nach Deutschland und das war es auch schon. Ich konnte aus diesem Ausbildungsprogramm großen Nutzen ziehen, und es war für mich – parallel zu meiner Ausbildung, eine wundervolle Bereicherung. War das Ganze ein Wunder? Ein Zufall vielleicht? Nein, so konnte ich vor vielen Jahren schon, das Geheimnis der Resonanz entdecken! Der Mensch hat die Möglichkeit, seinen Geist auf jede beliebige Stufe einzuschwingen, denn unser Gehirn schwingt natürlich auch in bestimmten Frequenzen. Je höher unsere Schwingungen sind, desto weniger können die niedrigen uns beeinflussen und stören. Liebe ist bekanntlich die höchste Schwingung im Universum. Erhöhe also Dein Schwingungsniveau, und Du wirst zu einem Magneten für Liebe, Glückseeligkeit und Erfolg!

<u>Mache Dir bewusst:</u>

Es gibt nicht einen einzigen leidvollen Zustand, den die Liebe nicht zu heilen oder zumindest zu lindern vermag.

Die richtige Schwingung entscheidet

Die Qualität meines Denkens bestimmt die Qualität meines Lebens. Und die richtige Schwingung entscheidet! Bist Du zurzeit in der Schwingung des Leidens, oder in der Schwingung des Genießens, der Freude? Jeder von uns hat ein Recht darauf, glücklich und frei zu sein, alles zu bekommen, was unser Herz begehrt, und während des gesamten Lebens Freude, Ekstase und bedingungslose Liebe zu erfahren. Solange wir uns auf einem niedrigen Schwingungsniveau von Angst, Leiden, Ablehnung und Gleichgültigkeit bewegen, stehen wir uns selber im Weg. Solange wir uns immer und immer wieder mit den Strömen des Leidens, des Versagens und der Zerstörung verbinden, ziehen wir dementsprechend negative Lebensumstände an. Alles im Kosmos basiert auf Schwingung und Resonanz. Wer leidet, befindet sich auf einer tiefen Schwingungsebene und erteilt bewusst oder unbewusst den sogenannten "Störenfriede" eine Landeerlaubnis. Aber jeder von uns steht irgendwann einmal vor der Entscheidung, wirklich zu leben – und wenn man das Leben mit einer Metzgerei vergleicht, da heißt es doch auch: darf es ein bisschen mehr sein? Ja, es darf auch ein bisschen mehr sein! Warum denn nicht? Mehr Lebensqualität durch das neue Schwingungsniveau von Liebe, Akzeptanz, Segnen, Faszination und Dankbarkeit. Das Leben ist wie eine Schaukel – einmal ist man OBEN, und dann wieder UNTEN! Dennoch die richtige Schwingung entscheidet. Was ohne den festen Willen der Seele getan wird, ist weder gut für die Welt noch für den Himmel. Klar gelebte Werte führen ans Ziel. Welches Gefühl ist Dein Leitgefühl, das wichtigste von allen für Dich? Welches ist weniger wichtig? Deine eigene vorherrschende Schwingung verleiht Dir den Durchbruch!

Sie bestimmt Deinen Lebenskurs. Ich möchte hier ein Erlebnis schildern, dass ich erst vor wenigen Wochen erfuhr. Ich war in der Therme von Vigaun baden, und nach jeweils 20 Minuten sollte man eine Ruhepause einlegen. Ich lag auf meiner Liege gleich neben dem Wasserfall, schrieb an meinem neuen Buch und war ganz vertieft, während neben mir eine ältere Frau vorbeiging und mich ansprach. Sie sagte zu mir: Wie kann man denn bei so einem Lärm lernen? Ich war echt überrascht, denn für mich ist das Wassergeräusch Musik in meinen Ohren. Ich genieße das Wasserplätschern regelrecht. Was für den einen eine Lärmbelästigung darstellt, ist für den anderen ein Hochgenuss! Oder im Sommer, nach einer längeren Hitzewelle freut sich der Bauer auf den ersehnten Regen, während die Kinder grantig sind, nur weil sie an so einem Regentag nicht in das Freibad gehen können. Ich sage immer wieder: bei so einem Wetter bin ich glücklich, denn wenn ich nicht glücklich bin, ist das Wetter genauso. Erkennst Du jetzt: die richtige Schwingung erlaubt Dir glücklich zu sein, den Heilungsprozess einzuleiten, das richtige Auto zu bekommen. Die passende Wohnung zu finden, oder den richtigen Arbeitsplatz. Ja, sie erlaubt Dir sogar den optimalen Lebenspartner in Dein Leben zu ziehen. Die falsche "Leid – Schwingung" trennt Dich vom Partner, lässt Dich Deinen Arbeitsplatz verlieren, bzw. krank werden. Sie kann Dich in die Armut stürzen, und Dich sogar frühzeitig alt werden lassen. ALLES ist möglich – aber ALLES wird erst durch die richtige Schwingung ermöglicht! Du hältst wieder einmal den Zauberstab in Deinen Händen. Machen wir noch einen letzten Vergleich: wenn Du einen Kuchen backen möchtest, und Du erwartest Gäste – willst also Deine Backkünste unter Beweis stellen. Dann nützt es Dir wenig, wenn Du das beste Kochbuch besitzt, wenn Dir der teuerste Elektroherd zu Verfügung steht, und wenn Du die schmackhaftesten Zutaten bereits eingekauft hast, solange Du die Backzeit und die Temperatur nicht beachtest. Die Backzeit könnten wir mit unserer Zeitqualität vergleichen – mit der Wertigkeit des Lebens. Für alles in unserem Leben muss der Zeitpunkt reif sein. Ich habe auch für dieses Buch zwölf Jahre warten müssen, bevor der Zeitpunkt dafür reif war, um es zu schreiben. Wenn Du es also eilig hast – gehe langsam. Um das auf unser Beispiel mit dem Kuchen zu übertragen, es nützt Dir nichts, wenn im Kochbuch eine Backdauer von 1 Stunde empfohlen wird, Du aber den Kuchen nur 10 Minuten ins Backrohr gibst, weil es halt schon pressiert. Die Temperatur, also die Grade fürs Backrohr könnten wir mit unserem Schwingungsniveau, mit unserer Bewusstseins-Frequenz vergleichen. Du weißt: für manche Kochrezepte muss der Ofen vorgeheizt werden z. B. für Kuchen & Pizza. In der Lebenspraxis braucht es auch für größere Projekte eine Vorbereitungszeit, für ein neues Projekt, für eine große Sportveranstaltung oder für eine Konzerttournee. Wenn Du dies beim "Kuchenbacken" nicht beachtest, wird er nicht richtig. Und wenn in Deinem Kochbuch für diesen Kuchen 180 Grad empfohlen sind, dann wirst Du mit 50 Grad sicherlich keinen Erfolg damit haben. Wieder auf unser Leben übertragen, wenn Du für ein neues Vorhaben, zum Beispiel für Deine Wunschverwirklichung- oder Deinen Erfolg im Beruf, Dir keine Anlaufzeit gönnst, wenn es Dir an Wissen, Mut, Durchhaltekraft und Kreativität fehlt, wenn Dir das Vertrauen ins Gelingen und ein starker Glaube abhanden gekommen sind – sprich, wenn Du zuwenig Öl auf Deiner Lampe hast, bzw. wenn Dir statt 180 Grad nur 50 Grad zur Verfügung stehen, dann wirst Du über kurz oder lang damit scheitern. Verstehst Du jetzt, was ich damit ausdrücken möchte? Denke einmal die nächsten 10 bis 15 Minuten gleich über Deine Ziele nach!

Meine Morgenmeditation

Ich bin Teil der allerhöchsten Kraft im Universum, ich bin eins mit der Kraft – ich bin die Kraft! Ich bin Gottes Liebe – in Tätigkeit auf Erden. Ich fühle mich eins mit der Kraft, die mich erschuf. Ich weiß, ich bin eine Göttliche, wunderbare Ausdrucksform des Lebens. Unendliche Weisheit, Liebe und Zufriedenheit erfüllen und umgeben mich.

Ich bin ein Vorbild an blühender Gesundheit und vibrierender Energie. Ich erlebe nur Schönes und Erfreuliches.

Ich bin ein Schöpfer – ich bin ein Gewinner!

Mir gelingt alles, was ich mir vornehme!

Ich bin absolut präsent, eins in mir und mit dem ganzen Kosmos. In diesem goldenen Liebesbad fließt mir alles in Leichtigkeit und Überfluss zu, denn ich bin das Glück und die Freude, verankert in meinem Herzen, durch Gott, Christus, mein Höheres Selbst, die Heilerin und Weise in mir.

Ich fühle mich so geliebt und eins, dass ich frei und unabhängig alles tun und sein kann, was sich meine höchste Autorität wünscht, da ich diese

Macht bewusst angenommen habe und verschmolzen mit Gott in mir bin.

Ich habe einen starken Glauben, und wähle nur mehr Überzeugungen, die mich eindeutig fördern, und mir zum vollen Ausdruck verhelfen!

Mit göttlicher Liebe segne ich meinen Körper, mein Zuhause, meine Arbeit, und jeden einzelnen Menschen, der mir heute begegnet.

Ich liebe und schätze das Höchste und Beste in jedem Menschen, und ziehe deshalb nur noch Menschen an, die die höchsten, besten und positivsten Gedanken haben.

Ich entscheide mich für Wohlstandsdenken, daher bin ich wohlhabend! Das Universum hat alles im Überfluss! Das Leben macht Spaß und Freude! Es gibt für mich sagenhaft viele Möglichkeiten in jedem Bereich meines Lebens! Viel Geld zu haben ist gut, es gehört zu meiner Verantwortung erfolgreich zu sein! Mein Leben schenkt mir tiefe Erfüllung!

Ich bin einzigartig auf dieser Welt, und liebe mich so, wie ich bin! Ich verdiene das Beste – und fühle mich jetzt wert, in Liebe, Frieden

und Überfluss zu leben!
Ich verdiene unendlich viel Liebe und Respekt!
Ich weiß, dass mein Denken über meine berufliche Situation entscheidet. Meine Gedanken haben sehr viel Kraft, daher wähle ich sie sorgfältig. Meine Gedanken sind ermutigend und positiv! Ich entscheide mich heute ganz bewusst für einen reichen, positiven und erfüllten Tag! Meine Gedanken sind Mitschöpfer meiner gesamten Welt. Es gibt keine Grenzen für das, was ich im Leben erreichen kann.
Ich kann im Leben alles haben, was ich will!
Ich darf in meinem Leben alles haben, was ich will!
Ich beeinflusse alles, worauf ich meine Aufmerksamkeit richte.
Alles geschieht im gegenwärtigen Augenblick.
Ich liebe mich selbst und fühle mich mit allen Menschen in Harmonie. Meine persönliche Kraft kommt aus meinem spirituellen Zentrum.
Ich bin offen für alle Methoden, mit denen ich zum Ziel komme.
Ich weiß, für meinen Erfolg muss die gewaltige Kraft von innen kommen, nicht die unwirksame Hilfe von außen.

Alles fließt mir leicht und mühelos zu.
Ich bin frei, ich bin frei, ich bin ewig finanziell frei!
Mit göttlicher Liebe segne ich meinen Körper,
mein Zuhause, mein Geld, meine Familie,
meine Arbeit und jeden einzelnen Menschen,
der mir heute begegnet.
Ich schicke jetzt allen Menschen das weiße Licht Gottes.
Ich segne sie mit reiner Liebe, und diese Kraft strömt in sie
ein, sie segnen mich mit reiner Liebe —unendlich ist der
Widerschein. Dieser Tag ist
wunderschön, und ich erfreue mich daran!
Und so ist es! Ich genieße jetzt mein schönes,
reiches und sinn erfülltes Leben!

Schön — dass ich das jetzt erreicht habe!

Danke — so ist es!

Zusammenfassung

1. Sobald Du bereit bist, Dein Denkinstrument wieder bewusst in Besitz zu nehmen, das heißt: Deinen Zauberstab schöpfungsgerecht zu gebrauchen, im gleichen Augenblick erkennst Du: Dein Himmel ist näher als Du denkst!

2. Meine vorherrschende Denkrichtung bestimmt meinen Lebenskurs. Mein Leben ist die Summe all meiner Gedanken und deren Entscheidungen, die in ihnen enthalten sind. Der Schlüssel zum Glück eines jeden Menschen ist sein Denken!

3. Das ganze Universum antwortet auf Vertrauen. Vertrauen kommt immer vom ZUTRAUEN! Ein Leben ohne Vertrauen ist nicht lebenswert. Die meisten Menschen wären viel mehr zu leisten imstande, wenn sie es sich nur selbst zutrauen würden.

4. Gehe ab sofort in die richtige SELBSTIDENTIFIKATION Du bist ein Schöpfer – ein Gewinner im Lebensspiel! Du kannst nicht die eine Art von Bewusstsein haben und gleichzeitig eine ganz andere Art von Lebensumständen antreffen.

5. Du bist viel GRÖSSER als Du denkst! Die Änderung Deines Bewusstseins ist die einzige Sache, die es wert ist, getan zu werden. Von innen heraus bauen wir unsere Lebenswirklichkeit auf und ziehen ständig von außen Dinge, Umstände und Menschen in unser Leben, die dem inneren Kinobild entsprechen!

6. Erteile also keine Landeerlaubnis für negative Gedanken und Gefühle! "Du bist Deines Glückes Schmied"!

7. Alles, was sich in Deinem Wahrnehmungsbereich abspielt, das hast Du selber zu 100% verursacht – dafür trägst Du zu 100% die Verantwortung! Ich lege den Rucksack der Vergangenheit ab sofort ab! Das, was ich jetzt denke, verwirklicht sich!

8. Pass auf, was Du denkst, denn was Du denkst das kommt! Im Guten, wie im Bösen. Die Welt ist das, wofür Du sie hältst.

9. Es gibt keinen Weg zum Frieden, wenn nicht der Weg schon Friede ist. Ich kann heute mehr Frieden schaffen, indem ich andere gedanklich in RUHE lasse! Mein Friede ist mein wichtigstes Ziel!

10. Jeden Tag etwas tun, das Dir sehr viel Freude bereitet.

11. Bewusst oder unbewusst hast Du immer die Wahl zu entscheiden was in Deinem Leben passiert und mit welchen Schwingungen Du in Resonanz gehst.

12. Die Qualität meines Denkens bestimmt die Qualität meines Lebens. Mehr Lebensqualität durch das neue Schwingungsniveau von Liebe, Akzeptanz, Segnen, Faszination und Dankbarkeit.

13. Es gibt nicht einen einzigen Zustand, den die Liebe nicht zu heilen oder zumindest zu lindern vermag.

14. Dein Himmel ist näher als Du denkst, wenn Du Deine liebevollen Gedanken an ALLE Menschen verschenkst.

15. Erlaube doch Deiner Energie wieder mit der Sonne zu reisen, und Du hast ihn gefunden – den Stein der Weisen.

Was möchte ich mir von diesem Kapitel merken?

1. _____

2. _____

3. _____

4. _____

5. _____

Die unbegrenzte, göttliche Schöpferkraft in mir lässt mich jetzt große Dinge vollbringen. Begeisterung, Liebe und Glück bringen mein Herz jetzt zum Singen!

2. Kapitel
Liebe ist die Antwort und der Weg

Lieben heißt: Dem anderen sein Anderssein zu gestatten.

Die Kraft der Konzentration

Das Interesse weckt unsere Aufmerksamkeit und die Energie folgt der Aufmerksamkeit. Hast Du jemals bemerkt, dass Du umso eher aktiv wurdest, je mehr Du Dich für etwas interessiertest. Vielleicht hast Du von einem neuen Kinofilm gehört, den Du Dir unbedingt anschauen möchtest, oder von einem tollen Buch, das eine hervorragende Kritik erhielt. Was immer Dein Interesse hat, neigt dazu Deine emotionale und physikalische Energie anzuziehen. Ist Dir aber andererseits aufgefallen, wie Dinge in den Hintergrund treten, sobald Du an ihnen das Interesse verlierst. Wir kennen doch das Sprichwort: "Aus den Augen – aus dem Sinn". Ich möchte wieder ein eigenes Beispiel anführen, um zu zeigen, wie sich die Kraft der Konzentration im Leben auswirken kann. Seit über 25 Jahren interessiere ich mich für Polynesien. Eine Traumwelt, die zwanzig tausend Kilometer von uns entfernt liegt. Es vergeht kein Tag, an dem ich mich nicht mit diesen wunderbaren Menschen, der traumhaften Südseemusik und den faszinierenden Hulatänzen verbunden fühle. Ich höre jeden Tag Tahitimusik und sehe mir meine Reisevideos regelmäßig an. Für mich ist es der Himmel auf Erden – und nichts geht tiefer hinein, als das Heiva–Festival auf Tahiti. Ich habe für mich mein "Paradies" gefunden. Bis jetzt habe ich vier traumhafte Südseereisen gemacht, wobei Französisch Polynesien mit Tahiti der Höhepunkt für mich war. Das Traumland der Südsee – der Stoff, aus dem die Träume sind. Ich kann mich noch gut erinnern, wie alles begann. Es war Mitte der siebziger Jahre, da kaufte ich mir im Maximarkt eine Langspielplatte mit Hawaiimusik. Heute umfasst meine Südseesammlung ca. 150 Tonträger. Diese romantischen Südseeklänge erweckten in mir bald darauf den Wunsch, dorthin zu reisen. Doch zunächst einmal musste ich 1978 für acht Monate zum Bundesheer, und in dieser Zeit (es war eine Hölle für mich), beschloss ich im nächsten Sommer nach Hawaii zu reisen. Ich hängte mir in der Kaserne über meinem Bett ein großes färbiges Poster mit Palmen und Sonnenuntergang auf. Und als ich es meinen Eltern mitteilte, dass ich 1979 nach Hawaii fliege, sagte mein Vater zu mir: "Ach Heinz, sei doch froh, wenn Du ins Burgenland kommst". Ich ließ mich aber durch nichts und niemanden aufhalten. Ich kaufte mir Bücher und Reiseführer, holte mir im Reisebüro die neuesten Prospekte über Hawaii – damals noch über Wien, lieh mir von Bekannten Dias über Hawaii aus. Ich erkundigte mich darüber, wie steht der Dollarkurs, wie viel kostet der Kodak – Super 8 Film, welche Ausflugsmöglichkeiten es gab, und vieles mehr. Ich wollte es meinem Unterbewusstsein beweisen, dass es mir ernst ist. Ich konzentrierte mich voll auf mein neues Reiseziel – und Konzentration bedeutet Verdichtung, und sobald Du Deine Energie bündelst, gibst Du ihr eine größere Kraft, das zu beeinflussen, worauf sie gerichtet wird. Daraus lässt sich ein Energiegesetz ableiten: "Die Energie folgt meiner Aufmerksamkeit" und ich folgte meinem Herzenswunsch, in die Südsee zu reisen. Im Sommer 1979 war es dann endlich so weit, meine 1. Südseereise – Kalifornien / Hawaii wurde Wirklichkeit. Wo ein Wille, da auch ein Weg! Die Kraft der Konzentration dient als Sprungbrett für unsere Vorhaben.

> **Wer sich konzentriert, der wächst – wer sich verzettelt, der schrumpft!**

Du hast stets die Wahl, worauf Du Dich konzentrieren möchtest – auf das Gute oder das Böse – auf das Wesentliche oder auf das Unwesentliche!

Die wahren Werte des Lebens

Die Jahre kommen und vergehen,
wir haben im Außen viel erreicht,
doch können wir uns selber nicht
verstehen.
Das Rad der Zeit läuft unentwegt
und ich frage mich heute,
habe ich schon gelebt?
Statt zu jammern und sich zu beklagen,
lasse ich mich lieber
von der Allmacht Gottes tragen.

Die wahren Werte des Lebens

Wenn "reine" Liebe mit "besitzloser Liebe" gleichgesetzt wird, dann ist sie sicherlich keine Utopie. Auch wenn zu ihrer Verwirklichung große Anstrengungen nötig sind, die umso schwieriger sind, je mehr wir uns mit äußerem Besitz identifizieren. Ich würde sagen, je weiter wir mit unserer Aufmerksamkeit nach AUSSEN gehen, desto weiter entfernen wir uns von uns selbst. Je stärker wir unsere Aufmerksamkeit nach INNEN richten, desto näher kommen wir uns selbst – unserem "GÖTTLICHEN SELBST" – das wiederum bedeutet, dass wir mit uns selbst und der Welt im Einklang sind. Jeder Mensch, den wir lieben, ist ein freies und lebendiges Wesen, das sich niemals besitzen lässt. Unser Partner und unsere Kinder sind nur anvertraute Seelen, die natürlich über die Freiheit verfügen, selbst zu entscheiden, wie lange sie uns auf unserem Lebensweg begleiten mögen. Wir alle sind als Rohdiamant geboren worden, und der Sinn des Lebens besteht nun darin, dass wir diesem Rohdiamanten den Feinschliff verpassen. Und das geht natürlich nur, wenn wir in Beziehungen leben! Das heißt, sich auf den nächsten beziehen – sich einlassen. Wir müssen begreifen, dass Menschen keine "Dinge" sind, und dass die Liebe keine "Sache" ist. Solange wir jedoch Dinge lieben, und Menschen benützen, statt umgekehrt, dass wir die Dinge, die uns zwar zum liebevollen Gebrauch zur Verfügung stehen benützen, und Menschen wirklich lieben, solange stimmt etwas mit unserem Wertmaßstab nicht. Sehr auffallend wirken oft Jugendliche durch ihr Auftreten – die wiederum durch Frisur, Kleidung, Haarfarbe, entsprechend Aufmerksamkeit auf sich lenken wollen. Alles im Leben ist entweder LIEBE, oder LIEBESERSATZ. Und wenn wir die Liebe nicht ausleben können, auszudrücken vermögen,

Die wahren Werte des Lebens

So viele Menschen suchen das Glück,

und haben es noch nicht gefunden,

stattdessen sitzen sie vor dem Fernsehgerät,

und verschenken ihre wertvollen Stunden.

Doch was sind die Werte in unserem Leben?

Nicht nur immer nehmen,

sondern viel mehr geben!

Ich trete nicht mehr länger auf der Stelle,

sondern erkenne, die Liebe ist

meine Energiequelle.

dann wird der Mangel an Liebe durch entsprechendes Suchtverhalten kompensiert. Alkoholsucht, Fernsehsucht, Esssucht, Medikamentenabhängigkeit, jemand stürzt sich hoffnungslos in die Arbeit, Spielsucht und vieles mehr. Wenn Du aber fleißig bist, wie eine Biene, und arbeitest wie ein Tier, dann ist es ratsam Du gehst zu einem Tierarzt! Vielleicht stellt er fest, dass Du ein riesengroßes Kamel bist. Was ist also die dahinter liegende Botschaft? Flucht vor der Liebe, Flucht vor dem Leben, Flucht vor der Partnerschaft und Flucht vor der eigenen Person. Denke daran: Gott achtet uns, wenn wir arbeiten, er liebt uns hingegen, wenn wir tanzen, singen und lachen! Alles zu seiner Zeit, den Sinn meines Lebens kann ich jedoch nur dann finden, wenn ich ihm einen gebe! Der Sinn des Lebens besteht also darin, die Wahrheit in den Menschen zu erkennen. Der Sinn des Lebens ist erfüllt – wo Liebe ist! Der Sinn des Lebens besteht ganz einfach darin, "zu leben"! Warten ist eine große Falle. Der Sinn des Lebens besteht auch darin, Erfahrungen zu machen, aus denen Erkenntnisse werden, das einzige nämlich, was wir aus einem langen, erfüllten Leben einmal mitnehmen können.

> **Gehe also nicht irgendeinen Weg –
> nein, gehe DEINEN EIGENEN WEG!
> Weiche nicht ab vom Weg und ALLES wird Dir
> gegeben, denn der WEG IST ALLES!
> Der einzige Sinn der Schöpfung ist SEIN.
> Der einzige Sinn der Schöpfung ist,
> LIEBE und FREUDE zu SEIN.
> Der einzige Sinn der Schöpfung ist,
> LIEBE und FREUDE
> zum Ausdruck zu bringen.**

Die wahren Werte des Lebens

Von der Schönheit der Natur

lasse ich mich jetzt berühren,

und werde dadurch mehr Freude

in mir spüren.

Ich werde das Gute

in allen Menschen sehen,

und kann somit den Sinn

meines Lebens besser verstehen.

*Du weißt nicht mehr wie Blumen duften,
kennst nur die Arbeit und das Schuften –
so gehen sie hin die schönen Jahre –
auf einmal liegst Du auf der Bahre.
Und hinter Dir da grinst der Tod:
Kaputt gerackert – Vollidiot!*

**Der Sinn des Lebens ist es, seine Lebensträume zu verwirklichen, ein traumhaftes Leben zu führen und sie zu öffnen, all die verschlossenen Türen!
Sei nicht Dein ärgster Feind,
sondern Dein bester Freund des Lebens
halte stets zu Dir, und sei verwurzelt wie ein gesunder, starker Baum
und verlier ihn niemals aus den Augen
Deinen allerhöchsten Lebenstraum!**

Sei Dir selber treu

Nehmen wir nur die "Treue in der Partnerschaft"! Wie hoch ist dieses Ideal? Und wie oft werden wir von ihr enttäuscht?
Treue in der Partnerschaft hält der Realität nur sehr selten stand, und trotzdem hoffen wir, ähnlich wie auf den wöchentlichen Lotto- Sechser, dass sie uns irgendwann beglückt, und dann ein Leben lang treu bleibt. Richten wir doch gleich einmal den Scheinwerfer der Wahrheit

Die wahren Werte des Lebens

Nun erkenne ich, das kostbarste

ist die Zeit und die Liebe
und nicht das Geld,

erst wenn wir alles mit anderen teilen,

finden wir das Glück auf dieser Welt.

Die Kinder sind meine Lehrer

und Spielgefährten, auch sie

zählen zu den wahren Werten.

darauf, und erkennen wir, worauf es tatsächlich ankommt, ist doch die "TREUE zu uns SELBST"! Dass wir uns SELBST treu sind. Und die "TREUE zum VATER, zu GOTT – zum Ursprung des Lebens, ja zur QUELLE ALLEN SEINS"! Wir haben fast alle die Vollkommenheit unseres WAHREN SEINS vergessen. Wir haben alle diese Spiele von Macht und Ohnmacht, Angriff und Verteidigung, von Schuld und Mangel gespielt. Erst wenn wir uns SELBST und der QUELLE allen SEINS treu sind, gehen wir mit der richtigen Einstellung und Haltung in eine Partnerschaft hinein. Dann bleiben wir uns selber und dem Leben treu, und erwarten nicht mehr zwanghaft die "Treue, die ein Leben lang halten muss", mit dem "MÜSSEN zertreten wir alles mit den FÜSSEN" – nein, wir erkennen dann die Wahrheit hinter dem Schein, und wenn sich dann auch noch in der Partnerschaft dauerhaftes GLÜCK und TREUE einstellt, dann sagen wir ganz leise: "DANKE nach OBEN" – und nehmen es als zusätzliches Geschenk des Lebens an!

> **"Das ganze Leben antwortet auf Vertrauen"**
> **- ja, darauf kann ich auch in meiner Partnerschaft bauen,**
> **ich höre dann wieder auf die Liebe und bin meinem Himmel näher als ich denke,**
> **weil ich dem Leben auf der Herzensebene ALLES SCHENKE!**
> **Offenen Herzens kann ich jetzt die Schönheit, die Heiligkeit und Anmut im anderen sehen und somit kann Wertschätzung und gegenseitige Bewunderung in all meinen Beziehungen entstehen.**

Die wahren Werte des Lebens

Auch der Duft einer Rose,

das herzhafte Lachen,

sowie ein Gläschen Wein,

gehören wirklich zum Glücklichsein.

Jetzt fehlt nur noch gute Musik

bei Kerzenlicht,

und dann lass Dich inspirieren

von diesem Gedicht.

Von der Liebe Gottes lass Dich führen,

dann öffnen sich auch für Dich

ganz neue Türen.

Und nun wieder ein Beispiel aus meinem eigenen Leben. Ich fahre regelmäßig, in etwa drei bis viermal die Woche in den Europark – Salzburg zum Einkaufen und zum Mittagessen. Ich hatte vor einigen Monaten, im Intersparrestaurant ein interessantes und merkwürdiges Erlebnis. Ich hielt am Vortag in Oberösterreich noch einen Abendvortrag, kam somit erst spät nach Hause, und schlief mich am Morgen gut aus. Ich stand ca. neun, halb zehn dann auf, machte meine Morgenmeditation und freute mich schon auf das Obstfrühstück. Seit neun Jahren mache ich Fit for Life, das heißt bis Mittag nur Fruchtsäfte und frisches Obst. Obst verbraucht wenig Energie – Obst bringt viel Energie! Ideal für mich. Natürlich nehme ich dann Mittag meine Hauptmahlzeit ein, und habe dann schon richtig Hunger. Meistens komme ich dann erst so gegen eins, halb zwei zum Essen. Der große Ansturm (zwischen 12 und 13 Uhr) ist dann meistens schon vorbei, und ich kann in Ruhe essen. Genauso war es an diesem Tag, ich kam gegen halb zwei in das Intersparrestaurant - es war fast leer - ich nahm mir ein Tablett und das Besteck, suchte mir mein Gericht aus, und ging zur Kasse. Vor mir stand nur eine Frau an der Kasse, sie wollte gerade zahlen. Ich kam hin und stellte mein Tablett ab, und bemerkte, wie die Kassiererin der Dame gerade erklärte: (sie hatte zwei Teller vom Salatbuffet) das Ganze gehört auf die Waage! Jetzt wird es interessant! Die Frau stellt den ersten Teller auf die Waage, ich schaute ihr zu, in diesem Moment kam eine Mitarbeiterin vom Intersparrestaurant mit einem Tablett voller Besteck, um es in die Behälter einzusortieren. Diese Mitarbeiterin hatte es eilig, und schob ihr Tablett mit dem Besteck mit einer Wucht gegen meines, und somit auch dieses der Dame weit nach vorne! Jetzt stehe ich mitten drin, links die Dame, die gerade zahlen wollte,

rechts von mir die Mitarbeiterin, die es eilig hatte, um die Löffeln, Gabeln und Messer einzusortieren. Das erste Salatteller stand immer noch auf der Waage. So, jetzt steht die ganze Partie. Die Dame kam mit ihrer Hand nicht mehr zur Waage hin, um den zweiten Teller hinaufzustellen. Ich denke mir, bist ein hilfsbereiter, netter Mensch, da ich ja in der Mitte, also direkt vor der Waage stand, nimmst den ersten Teller herunter, und stellst den zweiten Teller hinauf. In diesem Moment, als ich den ersten Teller auf der Waage oben anfasste, schrie die Frau neben mir ganz laut, wie von einer Tarantel gestochen: "Das nehme ich jetzt nicht mehr"! Mit einem finsteren, bissigen Blick, sie kochte fast vor Wut und Ärger, war das Schauspiel, übrigens reif für die "versteckte Kamera" fast zu Ende. Ich schaute die Kassiererin an, sie schaute mich ganz verwundert an, die Mitarbeiterin blickte auch ganz entgeistert drein – wir sahen uns alle drei mit einigen Gesichtsentgleisungen erstaunt an. So etwas passiert einem nicht alle Tage. Diese Frau nahm also diesen Teller nicht mehr! Ich sehe es trotzdem positiv, erstens zahlt sie nur die Hälfte und zweitens bleibt sie schlank, wenn sie statt zwei Tellern nur einen isst! Die Mitarbeiterin sagte dann noch: hoffentlich isst sie überhaupt noch, da ich das Besteck ja auch angegriffen habe! Als ich dieses lustige Beispiel auch bei meinen Vorträgen erwähnte, sprach mich eine Teilnehmerin darauf an: Würden sie beim nächsten Mal auch wieder hilfsbereit sein? Selbstverständlich sagte ich, nur wegen einem "Negativerlebnis" bleibe ich mir doch selber treu – oder? Ist doch klar! Ähnliches gilt auch in der Nachbarschaft, nur weil eine Nachbarin mich nicht mehr grüßt, aus welchen Gründen auch immer, kann ich sie trotzdem grüßen – oder? Wenn es also meiner freundlichen Art entspricht, jeden zu grüßen, brauche ich mich deshalb noch lange nicht verstellen und mir untreu werden.
<u>STIMMIG LEBEN</u> und es wird Dir zum SEGEN!

Leide nicht – liebe

Wann immer wir leiden, spielt uns das Leben eine Botschaft zu, und diese ist fast immer die gleiche: "Hallo Freund, Du stimmst im Moment nicht – stimm doch wieder"! Du bist nur verstimmt, das heiß aus dem Gleichgewicht, aus der inneren Harmonie gefallen. Wann immer wir also leiden, sind wir nicht in unserer eigenen Liebesschwingung. Du bist in der falschen Selbstidentifikation, in der eines "Opfers", statt in der eines "Schöpfers". Das hört sich jetzt so einfach an, und ist in der Praxis, im tatsächlichen Leben so kompliziert. Es gibt doch tausend Gründe dafür: Beziehungsstress, finanzielle Probleme, Schmerzen und gesundheitliche Schwierigkeiten, seelische Verletzungen, Druck jeglicher Art, emotionale Misshandlung, Depressionen, Todessehnsucht, Schuldgefühle, Angst und Einsamkeit, sowie Überforderung, Stress und Resignation – um nur einige zu nennen. Natürlich muss man jeden Menschen genau da abholen, wo er gerade steht. Ein jeder hat seinen eigenen Lernprozess. Ein jeder vollzieht seinen individuellen Wachstumsschritt. Einen nach dem anderen. Lektionen und Aufgaben, Botschaften und Prüfungen begleiten uns durchs ganze Leben. Der entscheidende und zugleich der "erste Schritt zur positiven Wende" könnte sein: Höre wieder auf die Botschaften, die Dir das Leben zuspielt. Zum einen ist Dein Körper ein wundervoller Botschafter, der Dir über die Organsprache ständig bestimmte Botschaften zusendet, andererseits bekommst Du auch viele Botschaften über die Lebensumstände gesandt. Höre wieder auf das Leben, auf die Liebe, auf die Tagesschule! Der nächste wichtige Schritt: "Sei ein Überwinder", erlerne die "HOHE KUNST des WANDELNS"! Und nimm das Leben einmal so an, wie es ist! Den "ISTZUSTAND" akzeptieren! Sei also nicht innerlich dagegen, sonst kämpfst Du wieder, ja, Du haderst dann mit Deinem Leben, und wunderst Dich, warum so vieles daneben geht, Du schwimmst dann gegen den Strom. Aber je mehr Du Dich über das beklagst, was Dich stört, was Du nicht mehr willst, desto schneller ereilt es Dich! Bau Dich also auf und verbanne die Negativität aus Deinem System, denn was immer Du verneinst, kontrolliert Dich. Es kostet Dich unendlich viel Energie, fortlaufend zu verneinen.

Erlaube Deiner Energie mit der Sonne zu reisen!

Was immer auch geschieht, liebe es! Denn Liebe führt immer zu einer Bewusstseinserweiterung – warum? Weil Liebe auch immer Abwesenheit von Konflikt bedeutet. Das Leben kann dann mit einem Maximum an Geschwindigkeit fließen und sobald Du wieder liebst blockierst Du nicht mehr Dein Bewusstseinsniveau und somit auch nicht mehr Deine Entwicklung.

Du leidest nur Durch Deinen Mangel an Liebe!

Nimm Dich also einmal so an, wie Du im HIER und JETZT gemeint bist, als großartiger, göttlicher Ausdruck des Lebens! Und erkenne, wer Du in Wahrheit bist:

TEIL DER ALLERHÖCHSTEN KRAFT!

Beginne Dich selbst zu lieben für das, was Du bist – und zwar so lange verstärkt durch Deine Aufmerksamkeit, bis Du Dein lichtes Wesen im vollen Glanz gesehen hast. Und erweitere dann diese reine, bedingungslose Liebe auf Deine Lieben und schließlich auf alle Lebewesen dieser Erde! Du bist ein Licht in dieser Welt, lasse es jetzt auch strahlen!

Sonnenstrahlen der Liebe

Spürst Du die warmen Sonnenstrahlen
auf Deiner Haut?
Fühlst Du Dich nach langem Streit
erleichtert, weil durch Versöhnung
das Eis in Deinem Herzen taut?
Kannst Du trotz Fehler, Mängel und
Schwächen, das Gute
im Menschen sehen?
Selbst nach einer schweren Ehekrise,
zu Deinem Partner stehen?

Sonnenstrahlen der Liebe

Die Liebe ist das goldene Tor zum Paradies. Sie führt Dich mitten hinein in Deinen Himmel. Könntest Du nur ausreichend lieben, Du wärst der mächtigste und glücklichste Mensch auf der ganzen Erde. Ohne Liebe ist alles nichts, man kann auch sagen, die Liebesfähigkeit eines Menschen zeigt den Reifegrad seiner Seele an. Je mehr ein Mensch Liebe zu geben und zu empfangen vermag, desto reicher ist er in seiner Seele. Wir leben alle nicht von der Liebe, die wir bekommen, sondern nur von der Liebe, die wir geben! Liebe findet ja nicht nur in der Partnerschaft statt, sie ist auch die Kraft für unser persönliches Wachstum. Ein Buddhist brachte folgende Sichtweise zum Ausdruck: Stell Dir vor, dass jeder der Dir begegnet, ein möglicher Buddha ist, der sich verwirklichen kann. Und all die Unzulänglichkeiten und das Kleinkarierte das Du siehst, das sind nur die Wolken, die an der Sonne vorbeiziehen und sie kurz verdunkeln. Dahinter verbirgt sich immer ein vollkommenes, zeitloses Wesen. Wer sich diese Sichtweise zu eigen macht, der kann sich und anderen die Möglichkeit für persönliches Wachstum geben. Denke stets daran: Früchte reifen durch die Sonne – Menschen reifen durch die Liebe! Bedingungslose Liebe kann nicht in GUT oder SCHLECHT unterteilen. Und das heißt folglich, bedingungslose Liebe teilt das Leben nicht. Das ist Ganzheit – Einheit – Vollkommenheit! Wenn ich also meinen Nächsten verurteile, kann ich mich irren – wenn ich ihm verzeihe, niemals! Bedingungslose Liebe ist letztendlich ein Gefühl der Einheit und nicht die Illusion der Trennung, nicht ein Gefühl der Trennung.
Leben wir also im Gefühl der Verbundenheit!
Beziehungen dienen nur unserer Verbundenheit!

Sonnenstrahlen der Liebe

Findest Du im Leiden den tieferen Sinn?

Versteh doch, Deine liebevollen

Gedanken sind Dein größter Gewinn.

Lächelst Du das Leben an, und es lächelt

Dir zurück?

Dann erkenn, die Liebe ist die

einzig gültige Währung für Dein Glück.

Wer in der Liebe lebt,

wird auf Erden im Himmel sein,

sie ist das Ziel des Lebens,

die Wahrheit hinter dem Schein.

Wichtig ist also, dass wir Liebe aussenden. Der schnellste und beste Weg um mehr Liebe zu bekommen, besteht ganz einfach darin, mehr Liebe und Frieden zu verströmen. Nur wer zuerst Liebe sät, wird auch Liebe ernten können und das alles ist eine Frage der inneren Einstellung! Wenn Du vom Gedanken geleitet wirst, was kann ich geben, dann bist Du immer ein reicher Mensch. Wenn Du nur denkst, was kann ich nehmen, dann wirst Du immer arm sein. Also geben wir - und Zeit zu geben ist immer JETZT!

Die wohl zwei wertvollsten Energieformen sind die ZEIT und die LIEBE! Lass Dich also nicht stören und aufhalten, wir kennen sie – die Zeitdiebe!
<u>*Du weißt:*</u> *Glück kommt von "gelingen"*
<u>*Ich weiß:*</u> *Du schaffst es Ja, Du kannst alles vollbringen! Dein Himmel ist hier, es gibt keinen anderen Ort. Du erschaffst ihn ständig durch das gesprochene Wort. Dein Himmel ist JETZT, es gibt keine andere Zeit. Lass die Vergangenheit los, denn vorbei ist das Leid! Richte Deinen Blick stets nach vorne und nach oben und alle Engeln stehen Dir bei – ja, sie werden Dich loben! Triff die Entscheidung täglich neu, um glücklich zu sein und reise für immer in Deinen Himmel hinein! Vor dem glorreichen Strahlen des HIMMELREICHES*
schmilzt die Schuld dahin, denn Dein Weg zur Liebe führt über die Vergebung und somit erzielst Du den größten Gewinn! Bedingungslose Liebe ist und bleibt ein wahres Heilelixier. Geliebter Erzengel Chamuel öffne Deine Arme und komm jetzt bitte zu mir!
Die Geistkraft der Liebe überwindet alle Widerstände
Ich liebe den heutigen Tag und lege ihn in Gottes Hände!

Sonnenstrahlen der Liebe

Liebe ist wie die Sonne,

sie bringt Licht und Farben

vor allem heilt die Liebe

unsere seelischen Narben.

Ohne Sonne ist es finster und kalt,

wem sie fehlt, der wird vor der Zeit

hässlich, welk und alt.

Kannst Du das Göttliche in allen

Geschöpfen sehen?

Ich meine wirklich mit Liebe im Herzen

durchs Leben gehen?

Liebe das Leben, so wie es ist, auch wenn es schwierig ist. Warum? Weil Du keine anderen Möglichkeiten hast, Deine innersten Ängste zu überwinden. Und dann erst wird sich Dein Leben richtig entfalten können. Liebe drückt sich aus in ganz bestimmten Eigenschaften: Freundlichkeit, Wohlwollen, Achtung, Toleranz, Vertrauen, Großzügigkeit, Mitgefühl oder Humor. Wenn jemand so der Welt gegenübertritt, dann ist er ein "Liebender". Er nimmt eine liebende Haltung der Welt gegenüber ein. Liebe ist ein Bewusstseinszustand, ein Verhalten, das wir, als fühlende Wesen in diese Welt einbringen können. Genau dadurch entsteht die Energie der Liebe und die kannst Du nur erleben, indem Du an ihr teilnimmst. Liebe ist etwas, das getan werden muss. Thaddeus Golas empfiehlt: Lieben Sie so viel Sie können, egal wo im Leben Sie gerade stehen. Denn die LIEBE ist das EINZIGE, was wirklich SICHER ist!

Was die Seele braucht

Sie braucht einen Platz, auf dem sie steht,
sie braucht einen Freund, der mit ihr geht.
Sie braucht ein Tun, das sie täglich erfreut,
sie braucht die Stille, Besinnlichkeit.
Sie braucht Musik, die empor sie hebt,
sie braucht die Freude, solange sie lebt.
Sie braucht den Fortschritt, das Wachstum, den Geist,
sie braucht ein Ziel, das Vollkommenheit heißt.
Sie braucht der Liebe wärmendes Kleid,
sie braucht den Frieden, die Heiterkeit.
Sie braucht eine Zeit, die dem Schöpfer sie weiht,
zum horchen und ahnen der Ewigkeit.

Gedicht einer 85- jährigen Pflegeheimpatientin – Gertraud in Grieskirchen PS.: Wenn man wie ich den Verfall, die Hilflosigkeit, die Bitten – die nicht erhört werden erlebt, dann sieht man die Welt mit anderen Augen.

Sonnenstrahlen der Liebe

Wie oft ist die Sonne

in unserem Leben blockiert?

Durch Nebel von Misstrauen, Angst und

Hass sind wir dann zutiefst schockiert.

Und es entstehen die vielen Wunden

der heutigen Welt: Einsamkeit, Sucht,

Hunger, Gewalt, Krieg, Flucht und

nicht zuletzt der falsche Umgang

mit dem Geld.

Aloha – die Lust am Leben

Aloha – den Tanz des Lebens tanzen, das natürliche Chaos des Lebens mit Gelassenheit annehmen. Die Leichtigkeit des Seins wieder in sich spüren. Wer träumt nicht davon? Wie klingen diese Namen – Hawaii – Samoa – Tahiti? Mich hat diese Polynesische Inselwelt seit über 25 Jahren in ihren Bann gezogen. Dieses Südsee-Paradies, so wird Polynesien seit seiner Entdeckung durch die Europäer genannt, fasziniert seit jeher seine Besucher: Inseln von der Sonne verwöhnt und von einzigartiger Schönheit, azurblaues Meer (von den Polynesiern Moana genannt), traumhafte Lagunen, eine einzigartige Pflanzenwelt und nicht zuletzt seine friedvollen und glücklichen Menschen. Allein der liebevolle Umgang dieser Menschen und vor allem, wie die Frauen auch ihre Weiblichkeit präsentieren, das Lachen der Kinder, die wundervollen Gottesdienste, die Blütenpracht, die traumhaften Sonnenuntergänge, die herrlichen Tänze und wunderschönen Lieder, all das lässt mich den Himmel auf Erden erleben! Die Polynesier singen und tanzen sich die Seele aus dem Leib. "Aloha" heißt ihr Zauberwort. Aloha: Inbegriff für Lebenskunst und Lebensfreude. Aloha heißt zunächst einmal "Hallo und auf Wiedersehen", aber die tiefere Bedeutung ist "Freundschaft", jedoch der innerste Gehalt ist schlicht und einfach "Liebe"! Ganz einfach Liebe! Seit über 2000 Jahren wissen die Polynesier, dass Liebenswürdigkeit, Herzensgüte, Geduld, Verbundenheit, Demut und Sanftheit im Umgang mit sich selbst und anderen ein langes, glückliches Leben garantieren. Das Europäische Motto lautet all zu oft:

<u>Zu viel Frust – zu wenig Lust!</u>

Sonnenstrahlen der Liebe

Dieser Mangel an Liebe ist der

größte Mangel auf Erden,

nur wer ständig hilft und niemanden

verletzt, kann glücklich werden.

Wenn Du jemanden liebst,

wachsen Deine Kräfte,

wer liebt, vermag alles

und bekommt stets das Beste.

"Aloha" im Gegensatz zu "Haole"

Haole – die geistige und körperliche Erschöpfung der Millionen überlasteter und überarbeiteter Menschen in der heutigen Gesellschaft führt zu dem, was unweigerlich in die Erschöpfungsdepression mündet. Aloha – die ozeanischen Menschen lehrten, dass ein glückliches und gesundes Leben darauf basiert, dass wir unserem "siebten Sinn" oder unserer Aloha folgen, dem instinktiven Impuls, das zu tun, was beglückend und heilsam ist. Alo bedeutet "teilen" und ha bedeutet "Atem", also bedeutet Aloha wörtlich, den Atem des Lebens zu verschenken und zu teilen. Aloha – die Lust am Leben – sprich das Aloha Prinzip hilft uns also, Essen, Spiel und jegliche sinnliche Erfahrung in Gemeinschaft und in gemeinsamer Liebe zu allen Geschöpfen und mit uns selbst zu genießen und dabei in jedem Augenblick die Wieder – Verzauberung des Alltagslebens zu entdecken. Das Leben ist ja ein Traum, ein Traum, den wir mit der gesamten Schöpfung, mit unseren Mitmenschen, aber auch mit uns selber teilen. Das Aloha – Prinzip zu lernen bedeutet, der Kraft unseres siebten Sinns Aufmerksamkeit zu schenken und sie bewusst zu nutzen, um Botschaften der Freude in unserem täglichen Leben auszusenden und zu empfangen.

Jetzt kannst Du gleich wieder aktiv werden und folgende Übung durchführen:

Verwende wieder einmal Dein Tagebuch und setze das Aloha – Prinzip ein, um mehr Lebensfreude und Lebendigkeit in Dein Leben zu bringen! Mache einmal eine bewusste "<u>Tankstellenerfahrung</u>"! <u>Das heißt:</u> Du bist energetisch vielleicht wieder einmal leer,

Sonnenstrahlen der Liebe

Du bist der Weg, die Wahrheit,
gebende Liebe und ewiges Leben.
Bist Du in Deiner eigenen
LIEBESSCHWINGUNG,
liegst Du niemals daneben.
Wo Menschen füreinander in Liebe
wieder Menschen sind, da öffnet sich
über unserem Planeten der Himmel,
oh – Du von Gott
geliebtes Menschenkind.

und Du benötigst wieder Treibstoff, jedoch keinen "Fusel", sondern Du tankst gleich "Super"! Du wünscht Dir also mehr Energie, mehr Lebenslust – Power – Elan - Vitalität und Lebendigkeit, dann mache Dir <u>im ersten Schritt Deiner Übung:</u> Deinen "Mangel" – Deine "Disharmonie" bewusst! Dein Tank ist ziemlich leer! Beispiel: Ärger, Wut, Frust, finanziellen Druck (Mangel), Enttäuschungen, falsche Erwartungen, Vorwürfe, Schuld, Misserfolge, Herzensarmut und Antriebsschwäche, sowie Mutlosigkeit und Dein problemorientiertes Denken. Schreibe Dir alles genau auf – "Bewusstmachungsübung" – und erkenne, solange Du in Dir nichts änderst, kann sich im AUSSEN nur sehr wenig ändern! <u>Im zweiten Schritt:</u> praktizierst Du die "hohe Kunst des Wandelns"! Wenn Du also schon "Super" tankst, dann überlege Dir ganz genau, welche Lebensqualität Du erzielen möchtest? Diese Übung bietet Dir Hilfe für ein "liebevolles Selbstmanagement". Sie verhilft dazu, sich offen und angstfrei wieder dem Leben anzunähern. Mache Dir nun einmal Gedanken darüber, wie Du von "Haole" zu "Aloha" wechselst? Also gleich die Kunst des Wandelns praktizierst!

<u>Hier einige Anregungen dazu:</u>
Warum ärgern, wenn's vorbei ist?

Keine Landeerlaubnis für negative Gedanken erteilen!

Zu hohe, überzogene Erwartungen an sich und an das Leben sind Zeitverschwendung und behindern das eigene Tun.

Lache über Dich selbst, nimm Dich selbst nicht zu stark ins Gebet und Du bist glücklich!

Sonnenstrahlen der Liebe

Gott hat seine Liebe
in unsere Hände gegeben,
höre wieder auf die Liebe,
denn sie ist unser größter Segen.
Lebe die Liebe
und alle Engeln stehen Dir bei,
sie ist die Öffnung zum Licht,
und Du bist wieder frei.

Es ist viel anstrengender, Vorwürfe zu machen, Dir Schuldgefühle einzureden, sich ständig über die Unzulänglichkeiten anderer aufzuregen, als Liebe zu zeigen.

<u>*Erkenne:*</u> *Dein "problemorientiertes Denken" ist der Totengräber Deines Glücks! Denke wieder in "Lösungen"! Sei kein "Wanndenker", sondern ein "Wiedenker"! Wie kannst Du Scherben in Glück verwandeln? Wie kannst Du aus einem scheinbaren Misserfolg doch noch einen Erfolg daraus machen? Das ehrliche Wort wird vom Herzen immer verstanden.*
Sprich also gleich Dein "Machtwort"!

"Ich kann nicht" heißt "Ich will nicht" - "Die Kunst des Könnens" liegt oft im "Wollen"! Gib heute Dein Bestes!

Du kannst selbst bestimmen, ob Du Dein Gemüt mit positiven, fröhlichen Gedanken und Gefühlen erhebst (was dann Deine Umwelt ebenso erhebt)!

<u>*Und zu aller letzt:*</u> *den besten "Problemlöser aller Zeiten"*

Ich löse alle meine Probleme, indem ich aufhöre selbst ein Problem zu sein!

> **Ab heute stehe ich mir selber nicht mehr im Weg, in der Sonne, und erkenne: erst wenn ich meine Probleme gelöst habe, erst dann bin ich erlöst! Solange ich meine negativen Gedanken nicht los werde, solange werden sie zu meinem Los! Und wer nicht lustvoll lebt, der wird in seinem Leben lüstern!**

Die Botschaft der Kahunas

Die Kahunas – Weise und Heiler aus Hawaii hüten von jeher ein tiefes Wissen um das, was Mensch und Kosmos miteinander verbindet. Aloha – sei gegrüßt, gegrüßt sei auch dieser Ozean, dieses Land – der Wind – und der Himmel! Vor langer, langer Zeit gab es viele weise Männer und Frauen auf diesen Inseln im Pazifik, die sich die Welt ansahen. Sie beobachteten die Strukturen der Natur, und das Verhalten der Tiere, Pflanzen und Menschen. Sie schlossen daraus auf den Sinn des Lebens, und wie es abläuft. Diesem Wissen gaben sie einen Namen: sie nannten es Huna – Kahuna! Das Geheimnis – das innere Wissen – das verborgene Wissen. Sie betrachteten die Welt auf ganz besondere Weise! Lassen wir die folgenden Botschaften einmal auf unserer Zunge zergehen und denken wir über unser eigenes Leben einmal nach. Ja, vielleicht bekommt unser Dasein eine neue Dimension, sobald wir dem Pfad der Kahunas folgen. Sie gehen davon aus, dass unser Traum, unsere Wirklichkeit, sprich unsere Erfahrung von innen kommt, aus unseren Ideen, unserem Glauben, unseren Ängsten und Wünschen, aus unserer Wut, und unseren Vergnügungen. Die Summe unserer Gedanken macht also unsere Erfahrungen aus. Aus der Nacht wird ein Tag, aus den Gedanken die Wirklichkeit. Wenn wir unsere Wirklichkeit verändern möchten, dann müssen wir uns selbst verändern! Wenn wir also die äußere Welt verändern möchten, dann müssen wir zunächst einmal den Ort in uns aufsuchen, der die äußere Welt erschafft und ihn verändern! Vorstellungen von Angst und Wut in Liebe verwandeln, Vorstellungen des Mangels in Glauben an Überfluss transformieren. Von innen heraus arbeiten, um das Äußere zu gestalten. Es gibt auch keine Grenzen, und wir sind alle untereinander verbunden. Jeder mit jedem, der Geist im Menschen, in der Erde, den Pflanzen und Tieren, am Himmel und im Meer. Alles ist miteinander verbunden. Trennung ist also eine Illusion. Doch gerade, weil wir durch unsere Gedanken unsere eigene Wirklichkeit gestalten können, erzeugen wir manchmal eine Art Trennung. Und aus diesem Trennungsgedanken entsteht Krankheit und Disharmonie. In Hawaii gibt es eine Geste die heißt: bleib locker, bleib locker, denn wenn Du locker bleibst, können die Energien viel leichter durch Dich fließen. Wer entspannt ist und mit diesen Dingen im Fluss ist, kann diese Dinge viel leichter verändern! Die Energie folgt Deiner Aufmerksamkeit! Immer dann, wenn Energie und Aufmerksamkeit fließen, entstehen Ereignisse. Egal, worauf Du Dich konzentrierst, der Energiefluss bleibt bestehen. Mit anderen Worten: je nach Deinen Gedanken, fließt alles zu Dir zurück! Wenn Du permanent an Glück und Freude denkst, dann werden im gleichen Maße, Glück und Freude in Dein Leben einfließen. Der Augenblick der Kraft ist JETZT! Hier und jetzt! Mit den Lasten der Vergangenheit kommst Du in Deinem Leben nicht vorwärts. Wenn Du die Schönheit in der Natur rings um Dich herum anerkennst, dann erzeugst Du sie jetzt, indem Du sie genießt und zwar jetzt! Wenn Du diese Schönheit nicht mehr anerkennst, wenn Du den Sinn dafür verlierst, dann verliert die Natur rings um Dich herum an Schönheit und Harmonie. Aber je mehr Du die Freude aus dem Augenblick schöpfst, und das anerkennst, desto mehr stärkst und bereicherst Du ihn. Die Zukunft liegt nicht einfach so vor Dir, und wartet darauf, dass Du auf sie stößt, nein, die Zukunft ist stets kreativ, entsprechend den Gedanken, die Du säst. Das wundervollste Geheimnis, dass diese Menschen aufgedeckt haben: dass "LIEBEN" bedeutet: glücklich sein mit! Glücklichsein mit etwas, oder mit jemandem. In dem

Maße, wie Du mit Dir selbst, den Menschen, dem Leben, mit Deiner Umwelt zufrieden bist, in dem Maße liebst Du – und die Liebe kann frei aus Dir herausströmen und fließen. In dem Maße aber, wo Du mit Dir selber haderst, ständig Deine Mitmenschen kritisierst, und das Gefühl hast, die ganze Welt ist gegen Dich, im gleichen Ausmaß verminderst und schmälerst Du Deine Lebenskraft. Liebe hat also nichts mit Schmerz zu tun, Liebe hat nichts damit zu tun, verletzt zu werden oder andere zu verletzen. Liebe ist das Glück, die Freundschaft, die Freude und das Vergnügen in jeder Beziehung! Denn Lieben bedeutet "glücklich zu sein mit"! Es gibt eine Kraftquelle, und diese Kraftquelle strömt durch uns alle hindurch. Sie durchströmt alles und jeden. MANA ist die innere Kraft, die allem seine Kreativität verleiht. Alle Kraft kommt von innen! Es gibt keine Kraft außerhalb von uns, die Macht über uns hätte! Sie ist eine schöpferische Kraft, und nicht Macht über etwas. Sie ist also die innere Kraft in allen Dingen, in jedem Menschen, die ihn zu dem macht, was er ist. Und zwar im vollsten Umfang! Wirksamkeit ist das Maß der Wahrheit. Wir stecken niemals wirklich fest. Es gibt nicht nur einen Weg, etwas zu tun. Es gibt nicht nur eine Wahrheit, nicht nur eine Methode, eine Medizin, eine Art zu heilen, einen Weg zum Glück, einen Menschen, mit dem wir glücklich sein können. Es gibt viele Wege, unsere Ziele zu erreichen, glücklich zu sein, das Leben zu genießen, es zu erfüllen. Es gibt immer einen anderen Weg! Wenn sich eine Tür schließt, öffnet sich immer eine bessere. Jesus sagte schon: "An ihren Früchten, werdet ihr sie erkennen"! Und einem jeden geschieht nach seinen Glauben! Seid gesegnet mit Liebe, Kraft und Weisheit – > A L O H A < Diese wundervollen Weisheits-Prinzipien, die ein Licht auf unserem Weg durchs Leben sein können, entstammen vom Meister – " Serge Kahili King". Er lebt mit seiner Familie auf Kauai – Hawaii.

Komm auf die Sonnenseite des Lebens

Erfülle den Augenblick

und GENIESSE DEINE ZEIT,

denn Dein Leben geschieht
Dir zur Freude

also befreie Dich von der Mittelmäßigkeit.

LEBE DEINE TRÄUME

und finde neuen Mut,

gestalte Deine Zukunft so

phantasievoll wie möglich,

wage es und es geht Dir wieder gut!

Komm auf die Sonnenseite des Lebens

In jedem Augenblick erschaffst Du Dein Leben neu. Jedes Gefühl, jeder Gedanke, jede Tat ist ein Baustein dazu. Das einzige, worauf es wirklich ankommt, dass Du täglich diese Entscheidung aufs NEUE triffst, glücklich und erfolgreich zu sein! Entscheide Dich dafür, dass alles gut wird, und alles wird gut. Es gibt unendlich viele Möglichkeiten, Dein Leben neu zu gestalten. Weil Leben Wandel ist, ist Wandel jederzeit möglich. Wenn Du wirklich willst, dann wandelst Du Dich Deinen Wünschen und Vorstellungen entsprechend. Du bist der Schöpfer Deines Lebens. Du kannst sofort in diesem Augenblick beginnen! Jede noch so lange Reise beginnt immer mit dem ersten Schritt. Und dieser besteht nun darin, dass Du Dich für die Sonnenseite des Lebens entscheidest. An diesem, unwiderruflichen Entschluss, hältst Du nun für den Rest Deines Lebens fest! Du bist ein Glückskind auf Erden, und brauchst nicht mehr länger warten um glücklich zu werden. Du bist JETZT glücklich! Spüre wieder in Dich hinein, denn nur was Dich tief im Herzen berührt, hat dauerhaften Wert. Erfülle Dein Herz - womit? Mit Liebe, Glück, Begeisterung, Licht, Wohlwollen und Sonnenschein! Wenn es schon draußen regnet, lasse wenigstens Du die Sonne in Deinem Herzen strahlen! Lebe in dieser inneren Gewissheit, dass Du jetzt auf der Sonnenseite des Lebens stehst, egal wie dick es noch kommt! Nicht wie der Wind weht, sondern wie man die Segel gesetzt hat, darauf kommt es an. Du bist der Kapitän auf Deinem Lebensschiff! Du selbst bestimmst Deinen Kurs. Wir können von den Südsee – Bewohnern sehr viel lernen, die es bestens verstehen, Feste zu feiern. Feiere auch

Komm auf die Sonnenseite des Lebens

Willst Du in Glück und Ausgefülltheit leben?
Dann lass Dein Lebensmotto lauten
FREUDIGES GEBEN!
Öffne Dein Herz und
STRAHLE WIEDER VON INNEN,
richte Deinen Fokus auf
DEINE LEBENSZIELE,
und Du wirst
ganz einfach GEWINNEN!

Du öfters in Deinem Leben! Genieße den heutigen Tag, mit Deiner Lieblingsmusik, mit kulinarischen Genüssen, treibe Sport, erlebe Sexualität, erfreue Dich über die Natur oder über das Lachen Deiner Kinder, erfühle wie Deine Träume wahr werden, finde Erfüllung in Deiner Arbeit und bewundere Deinen Partner! Wenn sich zwei Lippen in Liebe berühren, steht die Zeit still und der Raum verliert jede Dimension. Richte Deine Aufmerksamkeit auf diese unendliche Fülle und das irdisch Begrenzte wird Dir im Überfluss aus den Taschen quellen.

*__Folge also der Stimme Deines Herzens,
und lasse die Sonne in Deinem Leben
wieder viel öfters scheinen,
triff JETZT die Wahl
und Du brauchst nicht mehr zu weinen!
Umgib Dich mit guten Gedanken,
ehrlichen Worten und schönen Dingen
somit kannst Du die Fülle
in Dein Leben bringen.
Höre auf Dich selbst, und komme jetzt
mit der allerhöchsten Kraft in Resonanz,
liebe Dein Leben, denn es ist ein Freudentanz!
Genieße den Tag in grenzenlosen Dimensionen,
dann kannst Du schon bald
in Deinem Traumschloss wohnen.
Freudentränen kann es dann noch geben,
denn Du bist und wirst
für alle Menschen zum Segen!__*

Komm auf die Sonnenseite des Lebens

Sei Dir bewusst:

Du bist ein machtvolles Wesen,

beginne Deinen Film neu zu schreiben

und Dein Drehbuch richtig zu lesen.

Lieber Freund, lass los

die unzähligen Schranken,

durch die Saat

Deiner falschen Gedanken.

Die sieben Energiegesetze

Die sieben Energiegesetze des Lebens sind ursprünglich einzelne Worte, denen eine weitreichende spirituelle Bedeutung innewohnt. Diese Weisheiten sind auch zum festen Bestandteil meines Lebens geworden, und gerade deshalb möchte ich sie Dir näher bringen. Die alte Tradition der Heiler von Hawaii besagt, dass Hilfe immer bei einem selbst beginnt. Erst wenn ich etwas an und in mir verändert habe, erst wenn ich heil oder zumindest heiler geworden bin, kann ich anderen Menschen meine Hilfe anbieten. Denke daran: Wer anderen auf den Berg hinauf hilft, komm auch oben selbst einmal an.

Erstes Energiegesetz
*IKE – Die Welt ist das, wofür Du sie hältst
Denkst Du jetzt: schade, mein Urlaub ist schon wieder zur Hälfte vorbei oder sagst Du: schön, den halben Urlaub habe ich ja noch vor mir! Blickst Du in den Himmel, und bedauerst Du, dass es schon wieder teilweise bewölkt ist, oder erfreust Du Dich darüber, dass es ja teilweise sonnig ist! Denke doch liebevolle, positive und heitere Gedanken über die Welt, in der Du gerne leben möchtest. Alles hängt davon ab, was Du willst. Wir haben immer aufs Neue die Wahl: Nutzen oder Schaden? Nach oben oder nach unten? Nach vorne oder nach hinten? Genießen oder leiden?*

Zweites Energiegesetz
*KALA – Es gibt keine Grenzen
Auf der einen Seite ist das Universum ja grenzenlos – und auch wir haben ein unbegrenztes Bewusstsein, und dennoch stoßen wir überall um uns herum an Grenzen. Unser Körper kann nur ein bestimmtes Maß wachsen,*

Komm auf die Sonnenseite des Lebens

Wach auf, denn noch viel wichtiger

als Dein Auto oder Dein Telefon

ist Dein NEUES DENKEN in

GRENZENLOSER DIMENSION!

Spüre das Aufregende,

das Prickeln und das Beben,

und jetzt brauchst Du Dich nur mehr

verlieben – in Dein NEUES LEBEN!

wir können nur auf begrenzte Distanz sehen, wir können nur eine bestimmte Zeit leben, ohne zu atmen, und wir haben monatlich nur so- und soviel Geld zum Leben zur Verfügung. Das soll Grenzenlosigkeit sein? Es ist doch alles verknüpft, alles ist miteinander verbunden. Denken wir nur an das Internet, ein weltweites Spinnennetz mit all seinen Vorzügen und Schattenseiten. Alles beeinflusst alles, und jeder beeinflusst jeden. Alles, was ich bewirke, wirkt auch auf mich. Napoleon Hill war kein Träumer, er war ein Mensch der Tat. Er kam auch dem Geheimnis der erfolgreichsten Männer auf die Spur. Der kritische Faktor, den er dabei entdeckte, war nicht, was sie taten, sondern wie sie dachten. EINSTELLUNGEN sind wichtiger als TATSACHEN! Wenn sie an Begrenzung dachten, waren sie begrenzt. Wenn sie sich weigerten, irgendwelche Grenzen anzuerkennen, konnten sie erreichen, was immer ihnen am Herzen lag.

<u>*Drittes Energiegesetz*</u>
<u>*MAKIA – Energie folgt der Aufmerksamkeit*</u>
Kannst Du Dir vorstellen, wie unsinnig es ist, wenn wir uns alle in der Wirtschaft auf Sparmaßnahmen, Mangeldenken, Einschränkungen konzentrieren? Arbeitsplätze werden wegrationalisiert, Personen, die in die Pension gehen, werden nicht mehr durch neue Kräfte ersetzt, Firmen verlegen ihre Produktionsstätten nach Fernost, weil die Menschen dort für weniger Lohn arbeiten. Dadurch vergrößert sich die Knappheit immer mehr. Wir ziehen immer noch mehr Einschränkungen und Entbehrungen in unser Leben. Warum? Die Energie folgt der Aufmerksamkeit! Worauf Du auch Deinen Gedankenlaser, Deinen Fokus, Deine Aufmerksamkeit auch immer richtest, genau das wächst in Deinem Leben! Der erfolgreiche Mensch wartet nicht darauf, dass etwas

seine Aufmerksamkeit erlangt, nein, er geht hin und erlangt etwas durch seine Aufmerksamkeit. Energie folgt nur der Ausrichtung des Willens, der Absicht.

Viertes Energiegesetz
MANAWA – Jetzt ist der Augenblick der Macht
Der Ansatzpunkt unserer Macht liegt immer im gegenwärtigen Moment. Die letzte Minute ist bereits Vergangenheit – und die Zukunft hat noch nicht begonnen. Nur wenn Du die Zukunft für ein unbeschriebenes Blatt hältst, kannst Du Dir die Erlaubnis geben, alles zu versuchen. Und Deine Zukunft ist immer JETZT! Mache Dir nun einmal bewusst, wie kraftvoll Du bist. Auch wenn Du durch Deine Körperlichkeit beschränkt bist, und gegensätzliche Erfahrungen suchst, bist Du doch immer und in jedem Augenblick die machtvolle, schöpferische Seele. Du glaubst nur entsprechend Deiner Erfahrungen, dass Du klein, hilflos, ohnmächtig und ausgeliefert bist.

> **In Wahrheit bist Du jedoch ein "schlafender Gott" im Menschenkleid, Deine schöpferische Seele kennt weder Raum noch Zeit!**

Fünftes Energiegesetz
ALOHA – Lieben heißt, glücklich zu sein mit…
Die Liebe zu leben bedeutet, den Fokus auf das zu lenken, was Du bereits hast, und was Du bereits schon bist. Und das ist doch schon eine ganze Menge. Höre auf zu suchen, denn Du bist bereits am Ziel – ALLES liegt in Dir. Alles, was Du in Deiner Welt wahrnimmst, gehört Dir bereits. Du brauchst doch nur mehr Deine, die nötige Energie hinzufügen und Dich mit Deinem Wunschtraum eins fühlen. Du verfügst über alle Möglichkeiten! ALLE!!! Ich brauche zum Beispiel jetzt keine weitere

Komm auf die Sonnenseite des Lebens

Mach Deine Realität zu einem Feuerwerk

von schönen Ereignissen,

dann fühlst Du ganz tief in Deinem

Innern – ja, Du wirst wissen,

dass es zu diesem Schöpfungsprinzip

keine Einschränkung gibt,

sondern nur DEINEN VATER, der

DICH ÜBER ALLES LIEBT.

Südseereise planen, denn ich lebe meinen Südseetraum in meinem Herzen. Ich fühle mich mit diesen herzlichen Menschen zutiefst verbunden, höre jeden Tag diese wundervolle Musik, ich liebe Tahiti, was will ich mehr? Lieben heißt, glücklich zu sein mit... Und ich bin glücklich mit... (meinem "kleinen Stück Himmel"!)

<u>Sechstes Energiegesetz</u>
<u>MANA – Alle Macht kommt von innen</u>
Eine der häufigsten Täuschungen des modernen Lebens besagt, die Menschen seien hilflose Opfer äußerer Mächte, die größer seien als sie selbst. Allzu viele Menschen geben Eltern, Lehrern, Fremden, den Umständen oder der Politik und der Gesellschaft die Schuld dafür, wie sich ihr Leben entwickelte. Wo kommt die Kraft her? Von innen, sagen die Kahunas. Niemand macht eine Erfahrung die nicht für ihn bestimmt ist, lautet eine grundlegende Einsicht der hawaiischen Heiler. Darauf werden wir auf unsere Eigenverantwortung hingewiesen und darauf, dass alles, was in unserem Leben geschieht, nicht nur mit uns irgendwie zu tun hat, sondern dass alles in unserm Leben unmittelbar mit der Lebenskraft zusammenhängt, auf die letztlich kein anderer als nur wir selbst Einfluss ausüben!

<u>Siebtes Energiegesetz</u>
<u>PONO – Wirksamkeit ist das Maß der Wahrheit</u>
Dieses Prinzip besagt, dass dasjenige wirkt, das wirklich wichtig ist. Wirklichkeit ist ja immer das, was wirkt! Wie wirkt sich also Deine Wirklichkeit auf Dich selbst, Deine Mitmenschen und auf die gesamte Welt aus? Nehmen wir als Beispiel das "Bergsteigen". Wenn Du das in Deiner Freizeit mit Leidenschaft und Begeisterung ausübst, dann sind Dir keine Mühen zu viel. Du gehst womöglich ein

Komm auf die Sonnenseite des Leben

Dein Einsatz und Deine

Geduld sind

niemals vergebens,

auch Du bist ein Glückskind

auf dieser schönen Welt –

komm jetzt – auf die

SONNENSEITE

des LEBENS!

erhöhtes Risiko ein, nur um ein weiteres Gipfelerlebnis zu haben. Du kannst es kaum erwarten, bis es wieder losgeht! Würden wir dieses Beispiel auf eine andere Person übertragen, bei dem das sein Arbeitgeber verlangen würde, er würde sicherlich sagen: das ist zuviel verlangt! Ich gehe doch kein Risiko ein, da kann man sich verletzen, ich kann womöglich ums Leben kommen. Nein, wenn der von mir das verlangen würde, dann verklage ich ihn! Du siehst, was für Dich der Himmel auf Erden ist, sprich höchstes Glück, kann für einen anderen eine Strafe sein. Bleibe also offen im Geist und im Herzen für alle Methoden, Wege, Mitteln, Heilungsmethoden, Chancen und Möglichkeiten, die Dir das Leben bietet. Wenn Du also geistig beweglich, einfühlsam und offen bist, und mit Liebe und Respekt allen Geschöpfen beegegnest, dann wirst Du die jeweilige Situation auch meistern, egal wie schwierig die Umstände auch sein mögen. Vertraue einfach darauf! Du hast Energie im Überfluss zur Verfügung. Genauso wie das Universum grenzenlos ist, so sind es auch Deine Möglichkeiten des Kreierens. Alles liegt für Dich schon bereit. Was Deiner Wahl entspricht, zeigt Dir den Grad Deiner Bewusstheit an. Gib Dir selbst die Erlaubnis, ein Lichtmensch zu sein, und behalte die Vision "Deinen Himmel auf die Erde zu bringen" stets in Deinem Herzen.

<u>Die "Kahunas" haben eigentlich nur ein Gebot:</u>

**Jeden, jederzeit helfen –
und niemanden verletzen!**

Der Weg zur Liebe führt immer über die Vergebung

Ich gehe davon aus, dass im gesamten Universum nichts ohne Grund passiert. Du kennst ja das Grundgesetz von Ursache und Wirkung bereits. Das, was der Mensch sät, das soll er auch ernten. Wir umgeben uns ständig mit unseren eigenen Spiegelbildern. Und das Schicksalsgesetz lautet: Jeder bekommt genau das, was er verdient – nicht mehr, nicht weniger, und auch nichts anderes! Also hat es mit unserer Eigenschwingung zu tun, was uns letztendlich widerfährt. Durch das Resonanzgesetz also ziehen wir die entsprechenden Menschen, Situationen und Umstände in unser Leben. Wenn mich also jemand angreift, kritisiert oder beleidigt, dann kann ich ihn als Feind, als Angreifer betrachten, oder als einen Menschen, der einen Hilfeschrei nach Liebe und Verständnis an mich richtet. Du hast auch in diesem Fall die freie Wahl. Erstens ist derjenige der angreift immer der Schwache. Wäre er in seiner eigenen Liebesschwingung, also in Harmonie mit sich selbst und der Welt, welchen Grund hätte er dann, Dich anzugreifen? Es ist also viel besser, wenn ich ihm dabei helfe, wieder auf das alte Gleis der Harmonie und Liebe zurückzukommen, anstatt zum Gegenangriff überzugehen. Du wirst vielleicht jetzt einwenden, ja, aber bei mir liegt der Fall ganz anders. Dieser "Bücher" hat mich dermaßen gekränkt und verletzt, dass ich ihm das niemals verzeihen kann. Jedem geschieht nach seinem Glauben, also auch Dir! Es liegt also in Deiner eigenen Hand, ob Du ihm vergeben möchtest, oder nicht! Wenn Du aber unbedingt den Stachel der Verletzung aus Deinem Gemüt nicht freiwillig entfernen willst, dann bleibt er eben drinnen! Das schmerzt und die Wunde beginnt schließlich zu eitern.

Möchtest Du das wirklich? Nein, ich glaube nicht! Das Leben hat Dir in seiner Gnade bereits alles vergeben. Du brauchst ihm nur die Hand zu reichen und alles wird gut. Sei offen, und lass den Dingen ihren Lauf und beobachte sie aufmerksam, dann lebst Du in der Wahrheit. Der Weg zur Liebe führt immer nur über die Vergebung! Und echte Vergebung ist die Voraussetzung für unser körperliches und seelisches Wohlbefinden. Wenn mich schon das Verhalten eines anderen kränkt, kann ich also immer entscheiden, ob ich diese Kränkung auch wirklich zulasse. Bin ich dagegen selbstsicher genug, so kann sie gar keine Wirkung haben, denn die negative Energie erreicht mich nicht. Wir geben ihr durch unser positives Bewusstsein keine Chance. Gleiches zieht Gleiches an, das Gesetz der feinstofflichen Ebene, die Ebene unserer Gedanken- und Gefühlsmuster. Wie oft begehen wir den Kardinalfehler, und klopfen uns geistig auf die Schulter, wenn wir zu uns selber sagen: "Ach, wie edelmütig bin ich doch, ich vergebe Dir" und dann zählen wir all das zu Vergebende wieder auf, also wir rücken es in das Blickfeld unseres Bewusstseins und somit erschaffen wir es wieder neu! Ist dadurch irgendjemanden geholfen? Nein, ganz sicher nicht!

<u>Es gibt zwei Stufen – also zwei Lösungsansätze:</u>

<u>1. VERGESSEN</u>, es hat niemals stattgefunden! Der einzige Mensch, dem ich vergeben muss, bin ich selbst, denn ich bin der Schöpfer meiner Realität in all ihren Manifestationen. Ich erkenne die Wahrheit hinter dem Schein, und stelle mir selbst die Frage: "Was schwingt denn in mir, dass ich genau so einen Typen von Menschen in mein Leben ziehe"? Ich verzeihe mir und vergesse diese Angelegenheit für immer!

2. ICH LASSE ES IN DER SCHUBLADE DER VERGANGENHEIT DRINNEN! Ich brauche wirklich nicht zu vergessen, wenn ich nicht kann bzw. wenn ich dazu nicht bereit bin. Ich lasse es aber dann in der Schublade der Vergangenheit drinnen, und hole es nicht bei jeder Gelegenheit wieder hervor, und spreche dann darüber wie eine Kuh, die wieder kaut. Liebevoll vergebe ich mir selbst und anderen, und das Leben vergibt mir und liebt mich.

Mein Gebet für die Vergebung:

Ich lasse jetzt alle verletzenden Gedanken, Gefühle und Situationen los, die Disharmonie, Leid oder Bitterkeit in mein Leben bringen. Ich weiß, der Weg zur Liebe führt immer nur über die Vergebung. Ich verzeihe jetzt allen Menschen, die mir vermeintlich etwas angetan haben, denn in Wahrheit ist jeder einzelne Mensch, der mir begegnet, nur ein goldenes Glied in der Kette meines Glücks! _Ich spreche sofort das Machtwort:_ All dies lasse ich jetzt los! All dies hat in meinem Leben keinen Bestand! All dies hat keine Macht mehr in meinem Leben! Ich bin jetzt frei! Ich lasse all das los, und ich bin frei! Leichten Herzens lasse ich alles los, was mir zu schwer geworden ist, und übergebe es der Größe Gottes! SEINE Liebe vollbringt in mir ihr vollkommenes Werk und macht mich leicht und unbeschwert. Göttliches Licht löst jetzt alles in mir und um mich herum auf, was mich blockiert und belastet. Ich lass jetzt alle Kränkungen und Schmerzen los, und vertraue darauf, dass ich unter dem göttlichen Schutz sicher und geborgen bin. Danke Vater – so ist es!

Jedes Ende ist ein strahlender Beginn

Bist Du wirklich bereit,

zu jeder Stunde zu gehen?

Kannst Du den Tod als Höhepunkt

Deines Lebens verstehen?

Wie oft fragst Du

nach dem Sinn des Lebens?

Und all Dein Streben nach Glück,
Liebe und Besitz

scheint Dir dann vergebens.

Zieh doch Bilanz in Deinem Leben,
wie oft hast Du genommen,
wie oft gegeben?

Jedes Ende ist ein strahlender Beginn

Hast Du Dir schon einmal Gedanken darüber gemacht, dass alles, was beginnt auch einmal endet. Umgekehrt alles, was endet, trägt den Neubeginn in sich. Das ganze Leben vollzieht sich in ewigen Rhythmen. Ein ewiges Kommen und Gehen! In der Natur ein ständiges Erwachen und Sterben. Die vier Jahreszeiten, Ebbe und Flut, Tag und Nacht, Saat und Ernte, Geben und Nehmen, Einnahmen und Ausgaben, aktiv sein und ruhen, Ein- und Ausatmen, das eine bedingt das andere und umgekehrt. Alles ist ewiger Wandel. Auch wir kommen auf diesen Planeten, um bestimmte Lektionen zu lernen, und dann setzen wir unsere Reise fort. Der Tod ist ein natürlicher Teil des Lebens, ja, er ist unsere große Abschlussprüfung, die so genannte Krönung des Lebens. Es gibt also eine Zeit zu leben und eine Zeit zu sterben. Im Leben jedes Menschen kommt der Moment, wenn er oder sie akzeptieren muss, dass der Tod JETZT bevorsteht. Wir sollten auf ein friedliches Hinübergehen vorbereitet sein, wenn unsere Stunde da ist. Lernen wir den Tod zu akzeptieren, er gehört auch zum Leben eines jeden Menschen. Nicht Angst, sondern ehrfürchtiges Staunen und Frieden sollten unsere Begleiter auf dem Weg durch diese Erfahrung sein. Machen wir wieder einen Vergleich. Viele Menschen glauben, nachdem sie gestorben sind, sei alles zu Ende. Warum? Weil sich die meisten Menschen ja nur mit ihrem Körper identifizieren. Ich stelle mir folgendes vor: Das Ganze kann man mit einer Hand und einem Handschuh vergleichen. Das, was Du in Wahrheit bist (ein ewiges, strahlendes und unsterbliches Wesen) ist die Hand. Der Handschuh ist allerdings nur Dein Körper. Beim Tod geschieht jetzt folgendes: die Hand fährt aus dem Handschuh heraus.

Jedes Ende ist ein strahlender Beginn

Welche Bedeutung haben Deine Siege

bzw. Deine Niederlagen?

Gib Dir eine ehrliche Antwort

auf all diese Fragen!

Ehrlichkeit, Offenheit, Hingabe

und Vertrauen,

auf diese Werte

kannst Du in Deinem Leben bauen.

Die Hand, sprich Deine Seele geht nach Hause. Und der Handschuh wird feierlich verabschiedet und anschließend beerdigt oder verbrannt. Vielleicht kann Dir dieser einfache Vergleich helfen, Dich als schöpferische Seele, ja, als ein unsterbliches, ewiges, lichtvolles Wesen zu sehen. Die größte Angst im Leben, ist die Angst vor dem Tod! Vielleicht kannst Du dieses größte Hindernis, dadurch leichter annehmen und überwinden. Der Tod ist auch immer eine schwere Prüfung für alle Beteiligten. Derjenige, der verstirbt, wird nach Hause geschickt, und die Hinterbliebenen werden mit der größten Lektion des "LOSLASSENS" konfrontiert. Lebenskunst beginnt und endet mit dem Loslassen! Und irgendwann müssen wir auch unseren Körper, diese Lebensbühne loslassen. Wie habe ich mich in meinem Abschlussgebet (siehe am Ende dieses Buches nach) über die Trauer geäußert? "Lieber Himmel hilf mir die Trauer zu überwinden" Lieber Himmel hilf mir, den Sinn meines Lebens zu finden. Dieser größten Prüfung müssen wir uns alle einmal unterziehen. Dennoch, nach einer geleisteten Trauerarbeit dürfen wir uns dem Leben wieder erneut in Liebe und Wertschätzung zuwenden.

Auch der Tod ist ein
STRAHLENDER BEGINN!

Es gibt Zeiten, in denen wir den Tod als Rätsel betrachten. Lebe bewusst im HEUTE und gib ständig Dein Bestes! Dann hilft Dir der Himmel auch, diese Lebensreise gut zu überstehen, ja, er lässt Dich auch dann zum richtigen Zeitpunkt von dieser Erde gehen!

Jedes Ende ist ein strahlender Beginn

Mit einem weiten Herzen voll Liebe und Licht, sowie mit einem Lächeln im Gesicht kannst Du Himmel und Erde verbinden, und die Angst vor dem Tod leicht überwinden.
Viele Menschen können es bis zuletzt nicht fassen, nach einem langen, erfüllten Leben die Familie, Freunde, das Zuhause einfach loszulassen.

Ein Chinesisches Sprichwort lautet:

Als Du auf die Welt kamst, hast Du geweint, und um Dich herum freuten sich alle.
Lebe so, dass, wenn Du die Welt verlässt, alle weinen und Du allein lächelst!

<u>Denke stets daran:</u> Ein Mensch ist erst dann gestorben, wenn niemand mehr an ihn denkt, wenn er also vergessen wurde. Solange wir aber diese geliebte Person im Herzen tragen, sie noch spüren, ja, solange wird dieser Zauber nie vergehen, dieser Mensch wird ewig leben! Unsere Eltern leben in uns weiter, und wir leben in unseren Kindern weiter - kannst Du Dir das auch so vorstellen? Es ist mit unserem Menschsein gegeben, dass wir uns immer Bilder machen. Bilder von etwas, von jemandem, von Menschen, von Häusern. Wir können es noch näher sagen: Der Mensch wie ein Haus. Ein Haus hat eine Außenansicht, und ein Haus hat Zimmer. Es vermittelt einen Gesamteindruck, von jedem ein bisschen anders gesehen. Aber doch ein bleibender Eindruck. Und manche Zimmer, die kennen wir gut, sie sind uns vertraut, in andere können wir nur einen flüchtigen Blick werfen, und wiederum andere bleiben uns verschlossen. Das ist so, wenn ein Haus uns nicht gehört, und nie gehört ein Mensch uns. Und so war Dir sicher manches vertraut und lieb, und andererseits lag auch manches im Verborgenen. Man ahnt es nur, von all dem, was es da gab, an Fragen und Wünschen, an Geschätztem und Wertvollem, an Trauer und Enttäuschungen, an Ideen, Idealen und Gedanken. Der Mensch - wie ein Haus. Manche Zimmer kennen wir gut. Sie bleiben uns für immer in guter Erinnerung. Nimm Dir jetzt ein wenig Zeit, und denke darüber nach!

Jedes Ende ist ein strahlender Beginn

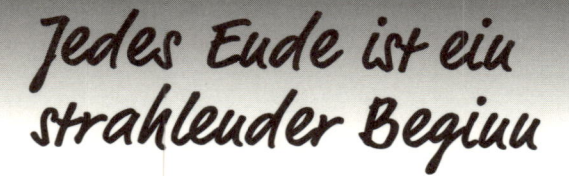

Das Leben wächst, der Tod ist seine Blüte

sei nicht dagegen, dann beschenkt Dich

Gott mit all seiner Güte.

Ja lieber Freund, willst Du Deine

Lebensspanne noch nicht beenden,

dann öffne Dich der Liebe und sei bereit,

Dein ganzes Leben zu wenden.

Dein Leben ist ein Abenteuer,
eine Herausforderung, ein Spiel!
Gib ständig Dein Bestes und vervollständige die Reise,
denn sie endet am Ziel.

Ein dankbares Herz ist Gott sehr nahe.

Dankbarkeit ist zwar eine ruhige Energie, dennoch eine sehr wirkungsvolle. "Dankbarsein müssen" gibt es überhaupt nicht, entweder ich bin dankbar, oder eben nicht.

> **Ein dankbares Herz ist immer Gott sehr nahe!**

Nur ein liebender Mensch kann Dankbarkeit in sich verspüren, unzufriedene, undankbare Menschen suchen den Sündenbock immer bei den anderen. Und bitte mache Dir auch folgendes bewusst: Mit Dankbarkeit sendest Du eine Energie aus, die immer noch mehr Segnungen in Dein Leben zieht. Ich bringe es nochmals auf den Punkt – mit Dankbarkeit setzt Du eine Ursache, über deren Wirkung Du Dich sicherlich erfreuen kannst! Ich schlafe jeden Tag mit Dankbarkeit auf den Lippen ein, nicht umsonst heißt es – den "SEINEN" gibt's der Herr im Schlaf. Die "SEINEN" sind aber nicht die, die vollgepumpt mit Alkohol, Problemen und destruktiven Fernsehprogrammen zu Bett gehen. Machen wir noch einen Vergleich – wenn Du auf Urlaub bist, sagen wir eine Flugreise machst, und Du leihst Dir ein Fahrrad oder ein Auto an Deinem Urlaubsort aus, dann wirst Du besonders behutsam mit diesem Fahrzeug umgehen. Es gehört nicht Dir, sondern es ist ja nur geliehen! Würdest Du Deinen Körper auch als Leihgabe betrachten, anstatt als Deinen Besitz – er gehört Dir ja, wenn auch nur für diese Lebensspanne - Du würdest sicherlich sanfter, liebevoller und verantwortungsbewusster mit ihm umgehen. Was will ich damit sagen? Beginne gleich einmal damit, mehr Dankbarkeit zu verspüren, dass Dein Körper mit all seinen wundervollen Funktionen und Diensten, Dir ein so treuer Diener ist.

Er ist ja der Tempel Gottes. Liebe Deinen Körper und bedanke Dich auch einmal bei Deinen Füßen, sie haben Dich bis zum heutigen Tag überall hingetragen, auch genau an den Ort, wo Du jetzt gerade stehst. Jeder Teil Deines Körpers wird perfekt und als Teil eines harmonischen Ganzen arbeiten. Du wirst feststellen, wie sogar Falten sich glätten, Dein Gewicht sich normalisiert und Deine Haltung gerade wird, wenn Du regelmäßig Deinem Tempel Liebe, Licht und Wohlwollen entgegen bringst.

Und nun einige positive Affirmations-Behandlungen, die Dir helfen sollen, eine positive, schöne, gesunde und glückliche Zukunft aufzubauen.

Ich danke meinem Körper, dass ich mich jetzt in ihm wohl fühlen darf. Danke, dass jetzt Heilung in mir geschieht.

Ich danke, dass ich jetzt zum schöpferischen Bewusstsein erwacht bin. Ich bin ein Gewinner!

Ich danke für ein auf der ganzen Linie reiches, glückliches und sinnerfülltes Leben. Ich bin ein Wesen ohne Grenzen. Danke, dass ich jetzt alles erschaffen kann, was ich will.

Ich bin dankbar für meinen optimalen Lebenspartner, der jetzt in mein Leben tritt. Er ist: (z. B.) kinderlieb, tatkräftig, spirituell, gut situiert, liebevoll, zärtlich, großzügig, humorvoll, frei für eine neue, in jeder Hinsicht von Liebe erfüllte Beziehung.

Danke, dass mir jetzt alles, was ich tue, Lebendigkeit und Wachstum bringt!

Danke, dass ich jetzt eins bin mit göttlicher Liebe, die mich geschaffen hat und die mir die Kraft gegeben hat, mein Leben selbst von innen heraus zu gestalten!

Danke, dass ich genau jetzt all meine Fähigkeiten, Begabungen und Talente zum vollen Ausdruck bringen kann!

Danke, dass ich jetzt so glücklich bin, und somit zum Geschenk für meine Mitmenschen werde!

Danke, für das Vertrauen zu meinem ICH-BIN und zur Kraft meines göttlichen Kerns.

Danke, dass ich jetzt tun kann, was mein Herz zum Singen bringt. Ich gehe zur Arbeit, um Freude zu verbreiten. Lieber Gott, lass meine Arbeit ein Kanal für die Liebe sein! Danke, und so ist es!

Danke, dass ich stets imstande bin, alle Kosten und Rechnungen zu jeder Zeit aus meinem finanziellen Überfluss zu zahlen.

Heute ist der Tag meines überraschenden Glücks! Ich sehe meinen Weg in strahlendem Sonnenschein. Danke, dass meine Seele von Liebe erfüllt ist, mein Geist von Frieden und mein Körper von Harmonie.

Die Forschung hat sich mit Dankbarkeit befasst und herausgefunden, dass Dankbarkeit weniger anfällig macht für Depressionen, für Ängste, dafür emotional stärkt und den Umgang mit anderen erleichtert.

Mache Dir eine Dankbarkeitsliste und bilde mindestens 50 bis 60 Dankbarkeitssätze! Es können auch 100 sein, oder mehr!

Immer beginnend mit den Worten: Ich bin dankbar für...

Durchforste alle Deine Lebensbereiche, bis Dir nichts mehr einfällt. Denke an all Deine materiellen Werte wie Haus, Wohnung, Auto, Kleidung, Geld, Schmuck, Teppiche, Ziergegenstände, Bilder, Bücher, CD`s und Videos. Aber auch Deine immateriellen Werte wie Begabungen, Talente, Charakterstärken, Lebenspartner, Freunde, Sprachkenntnisse, Vorlieben, Hobbys, Lieblingssport u. s. w. gehören auch dazu.

Und wenn Du glaubst, jetzt sei dieses Thema erschöpft, dann könntest Du den folgenden Danksatz noch hinzufügen. Ich bin dankbar für mein frisch überzogenes Kopfkissen.

Wiederhole diese Übung von Zeit zu Zeit. Sollte es Dir aber wieder einmal schlecht gehen und Du bist mit Deinen Gefühlen im Keller, gerade dann kann diese Dankbarkeitsübung die gewünschte Wende in Deinem Leben bewirken.

ALLES in meinem Leben ist LOBENSWERT, LIEBENSWERT und DANKENSWERT!

Möchtest Du einem Wunder begegnen? Dann versuche es mal mit dem Segnen!

Wie lautet der Pulsschlag vom gesamten Universum? "GEBEN und NEHMEN" Geben und Nehmen sind immer eins. Alles, was Du anderen gibst, gibst Du Dir in Wahrheit selber. Alles, was Du anderen vorenthältst, enthältst Du Dir selber vor. Wenn Du andere Menschen anlügst, bleibst Du selber auf der halben Wegstrecke stecken. Dabei lügen heute so viele Menschen, ja sogar Kinder lügen schon. So manches Kind lügt schon, wenn es zum ersten Mal "Papa" sagt!

<u>Das große Gesetz lautet nun:</u>
Alles und jeden, den Du in Deinem Leben verfluchst wird früher oder später auch zurückschlagen. Alles und jeden, den Du in Deinem Leben segnest kann Dir nur zum Segen werden.

Die höchsten Formen wie Du von Deiner Geistkraft Gebrauch machen kannst lauten:

"SEGNEN – GEBET – MEDITATION – REIKI – QI GONG und TAI – CHI"

Zu den vielleicht schönsten Formen von Energiearbeit zählt das Segnen. Es ist ein bisschen in Vergessenheit geraten, aber wir sollten es wieder erlernen. Wir sollten es wieder wagen, diese Segenskraft schöpferisch einzusetzen. <u>Die Eintrittskarte dazu:</u> Etwas aus einem liebevollen, ehrlichen, gütigen und großzügigen Herzen heraus zu segnen bedeutet, dass ich die höchste Energie des Segnens auf einen bestimmten Aspekt des Seins richte, ganz gleich, wen oder was ich segne, Segen geschieht immer sofort! Ich kann eine Person segnen, mein Bewusstsein, Gott, meinen Arbeitsplatz, meine Kinder, mein Auto, mein Herz, ja sogar mein Bankkonto oder mein Haustier kann ich segnen. Und ein Geheimnis des Segnens ist: Alles, was ich ehrlichen Herzens segne, kann mir nur zum Segen werden.

Es ist traumhaft und auch Du kannst es erleben. Es wirkt immer sofort, im gleichen Augenblick, in Nullzeit. Du kannst zuschauen, wie die Kraft des Segens wirkt. Betritt einmal einen Raum, wo sich bereits Menschen befinden, oder einen Bus, einen Zug, ein Flugzeug, ganz egal, es ist so schön zu erleben, wie die Atmosphäre sich verändert.
Durch Dein Wirken erscheint Dir alles und jeder licht- und liebevoller. Es funktioniert, probiere es gleich aus!

Das Kopf- und Herzdenken müssen sich im Einklang befinden. Nicht dass Du oben denkst: "Ich segne Dich..." Und im Herzen fühlst Du: "Du bist ein Idiot, ein Schwachkopf", dann kannst Du es vergessen! Es würde so nicht funktionieren! Das Ganze ist nicht an bestimmte Worte, an ein bestimmtes Ritual gebunden. Sondern nur an die Ehrlichkeit gebunden, dem anderen aus liebevollem Herzen das Beste zu wünschen.

Sei doch für JEDEN ein SEGEN, der das GLÜCK hat Dir zu begegnen!

Ein wesentlicher Punkt ist, wie bei ALLEM die "REGELMÄSSIGKEIT".

Wenn Dir also Dein Chef Probleme bereitet, Arbeitskollegen Dich übervorteilen wollen, Deine Nachbarin ein fürchterlicher Widerwurz ist, Du mit Deinem Partner in einer Ehekrise steckst, oder Deine Kinder wollen nicht so richtig, dann solltest Du es mit dem Segnen versuchen, und Du wirst es erleben den größten Eisberg bringst Du damit zum schmelzen.

Wie oft also?
Vier mal täglich 3 bis 4 Minuten lang und über einen Zeitraum von mindestens 3 Wochen. Dass Du pro Tag auf ca. 10 – 15 Minuten kommst.

1. Variante: dem "Widerwurz" gute Gedanken zusenden, Ihm das Beste wünschen!

Zum Beispiel: Ich wünsche meinem Chef, dass er die richtigen Mitarbeiter bekommt. Ich wünsche meiner Nachbarin ein harmonisches Zuhause. Ich wünsche meinem Arbeitskollegen, dass er mit seiner Frau glücklich ist. Ich wünsche meiner Schwiegermutter eine gute Genesung, Vitalität, Gesundheit ...

Dass, was Du über andere denkst, erzeugst Du in Dir! Pass auf, was Du denkst, weil was Du denkst, das kommt! Im GUTEN, wie im BÖSEN!

2. Variante: mit einem "Segensspruch"

Bitte immer mit geschlossenen Augen und mit viel Gefühl!

Der Segensspruch lautet:

> **Ich segne Dich mit reiner Liebe,**
> **und diese Kraft strömt in Dich ein.**
> **Du segnest mich mit reiner Liebe,**
> **unendlich ist der Widerschein!**

Ich mache diese wundervolle Übung des Segnens jeden Tag. Eine halbe bzw. eine Stunde in Verbindung mit einer engelhaften Musik vom "Reiki - Meister – AEOLIAH"

Zwei Empfehlungen: 1. Angel Love 2 – Sublime
*   2. J´ADORE – Music To Adore Your Spirit*

Oreade music – diese beiden Titel sind über den Buchfachhandel (auch CD-Handel) zu beziehen.

Diese herrliche Musik wird Dein Herzchakra öffnen und die Schwingung all Deiner Zellen erhöhen. Du tauchst ein in ein "Liebesbad" und willst nur mehr "SEIN" - LIEBE, LICHT, FREUDE und GLÜCKSEELIGKEIT!

Somit kannst Du Dich über 4 Wunder gleichzeitig erfreuen:

1. Du kommst mit Deinem innersten Wesen, das "LIEBE" ist, in Einklang!
2. Du versetzt Dich mit der höchsten Kraft (mit GOTT) im Kosmos in Resonanz. Damit werden all Deine Probleme auf ein Minimum reduziert.

3. Du setzt damit eine Ursache und nach dem Prinzip von "Geben und Nehmen" kommen noch mehr Segnungen in Dein Leben.
4. Da Du ja ALLES und JEDEN segnen kannst, wird Dir dieser Umstand, diese Situation, oder diese Person zum Segen.

Hinweis: Wenn Du Deinen Körper segnest, solltest Du nicht die Krankheit segnen, sondern das erkrankte Organ.

Du kannst es genauso ohne Musik machen, ich komme jedenfalls durch diese hohe Schwingung der Musik auch in das entsprechende Gefühl leichter hinein, sprich in meine "Liebesschwingung" (noch schöner, wenn Du es erfühlst). Und anschließend bin ich jedes Mal überrascht, dass die halbe bzw. die volle Stunde schon vorüber ist. Da es in der geistigen Welt weder Zeit noch Raum gibt, ist es völlig egal, ob die Person in Australien, in Paris, oder in New York anwesend ist, oder gleich um die Ecke wohnt. Es funktioniert immer – WELTWEIT!

In hartnäckigen Fällen nur ein wenig Geduld (aus Gras wird Milch) da kann es schon einmal 3 bis 4 Wochen dauern, bis die ersten Veränderungen im Außen sichtbar sind. Denke daran: Du musst es TUN! Einfach DURCHZIEHEN, was nützt Dir der schönste Sonnenaufgang, wenn Du nicht aufstehst!

ALLES, worauf Du Dich konzentrierst, das wächst! Und was wachsen soll, braucht Nahrung, die Nahrung Deiner Gedanken ist die "KONZENTRATION"

Denke daran: für die Körperpflege verwendest Du auch einige Zeit – Tag für Tag! Warum nicht auch für Deinen Geist, für Deine Seele? Wenn es Dir gelingt, genau wie mir, dieses tägliche Ritual zu vollziehen, ich nenne das meine

"HEILIGE – HEILENDE STUNDE"

dann geht es Dir immer besser und besser, gut, sogar sehr gut! Mir geht es zur Zeit sogar so gut, dass ich JETZT mein ERSTES BUCH schreibe, und das ist - REINE FREUDE!

"Schlussgedanke zum SEGNEN"

Unser Leben ist ein Geschenk Gottes, das ist jedoch nur die halbe Wahrheit, das, was wir aus unserem Leben machen, das ist wieder das Geschenk zurück an den lieben Gott und somit schließt sich der Kreis!

> **Wir können also unser Leben
> durch das
> "LIEBEVOLLE SEGNEN"
> vergolden!**

Fantasiereise ins Licht – eine geführte Meditation

Ich setze mich, nun ganz entspannt hin, lasse meinen Atem frei fließen, und öffne mich, für die folgende Fantasiereise zum Licht. Ich schließe nun meine Augen, lasse meine Außenwelt nun liebevoll los, und sinke mit jedem Atemzug, immer tiefer in mich selbst hinein. Mein Körper wird nun ganz locker, alle Muskeln entspannen sich, und ich werde mit jedem Atemzug immer ruhiger. Ich bin nun ganz ruhig. Ich denke beim Einatmen an Ruhe, und beim Ausatmen an Frieden. Ruhe – Frieden, Ruhe – Frieden, Ruhe – Frieden. Ich spüre, wie sich alle meine Zellen, mit Sauerstoff und mit Licht füllen. Jetzt verbinde ich mich, mit meinem HÖHEREN SELBST auf meine eigene Art und Weise, indem ich goldenes Licht durch mein Kronenchakra in mein Herzchakra einatme, bis ich eine große Ruhe, und Liebe, und Stille empfinde. Mit jedem Atemzug, verbinde ich mich tiefer und tiefer. In diesem lichtvollen und ruhigen Gemütszustand beginne ich nun meine Fantasiereise zum Licht. Ich betrete nun, das fantastische Theater meines Bewusstseins, und ich sehe mich, auf der prächtigen Bühne meiner Vorstellungskraft. Ich genieße, die wunderschöne, sanfte Musik, jetzt sehe ich mich ganz deutlich selbst, und versetze mich mitten in eine Blumenwiese hinein. Ich stehe mitten in einer Blumenwiese. Überall um mich herum blüht es, ich spüre die Kraft der Blüten in mir, ich empfinde den lauen Frühlingswind, er bringt den Duft der Blumen, der blühenden Sträucher und der jungen Pflanzen mit. Ich rieche den feinen Duft des Lebens, meine Gedanken treten zurück. Ich setze mich mitten in diese Wiese hinein, genieße den herrlichen Duft der Blumen, und richte meinen Blick hinauf zum strahlend blauen Himmel, nur ein paar weiße Wolken. Ich spüre, die warmen Sonnenstrahlen auf meiner Haut, und ich denke, was kümmern mich die Wolken von gestern? Ich lebe doch, im Hier und Jetzt! Im gegenwärtigen Moment ist doch meine Welt in Ordnung. Ich spüre, das weiche Gras unter meiner Haut, und ich bin jetzt verwurzelt, mit der Mutter Erde! Und ich fühle, ganz tief in meinem Herzen, die Wurzel eines erfüllten Daseins, ist die Liebe. Ich bin Gottes Liebe in Tätigkeit auf Erden. Ich genieße den Duft der Blumen, den warmen Wind auf meiner Haut, und blicke mit geschlossenen Augen in die Sonne. Ich verbinde mich mit der Sonne, und erkenne, auch ich bin das Licht in dieser Welt. Das Licht in mir bringt jetzt und jederzeit Erfüllung in mein Leben. Die Liebe ist der Weg, den ich in Dankbarkeit gehe. Die Liebe ist die Lösung jedes Problems. Die Liebe ist mein größtes Glück. Ich bin die Liebe - Ich bin das Licht. Ich sage ja zu meinem Schatten, weil ich das Licht liebe, und somit sprenge ich alle Fesseln des kleinen ich's, und lebe sie, ich fühle mich jetzt im Einklang, mit dem Universum, und mein kosmischer Ton ist rein und klar. Eine ganze Weile genieße ich nur, den Duft der Blüten, die Farben, den lauen Wind auf meiner Haut, und die warmen Sonnenstrahlen auf meinem Gesicht. Nun stehe ich wieder auf, gehe durch die Blumenwiese weiter, und plötzlich, erkenne ich vor mir einen Weg. Wo führt dieser Weg hin? Ich gehe weiter, und fühle, ab heute, liebe ich das Unbekannte, das mir begegnen wird. Ein Gefühl, innerer Gelassenheit deutet sich an. Innere Stille, innere Stille kehrt in mich ein. Ganz allmählich, entsteht in mir ein neues, inneres Klima, ein Gefühl liebender Stille strahlt in mich ein. Liebende Stille strahlt in mich ein. Sie tut mir gut, die liebende Stille. Und nun bin ich auf meinem Weg, vor mir, mein Weg der Erkenntnis, der mich auf den Berg der Erkenntnis führt. Ich bin auf meinem Weg der Erkenntnis. Ich gehe ohne

Eile, Schritt für Schritt hinauf, hinauf, hinauf. Die Sonne scheint, die Landschaft wirkt beruhigend auf mich. Ich gehe weiter hinauf, und ich sehe vor mir eine Bank am Weg. Endlich an der Bank angekommen, setze ich mich auf diese Bank. Ich lege beide Arme auf die Banklehne, strecke die Beine von mir, und halte das Gesicht in die warme Sonne. Ich schließe die Augen, und spüre, die Reinheit. Die Reinheit, die mich hier umgibt, ich vernehme das Vogelzwitschern, herrlich, wie die Vögel singen, und diese Reinheit, die mich hier umgibt. Die Vögel wiederholen unermüdlich immer und immer wieder die gleichen Tonabläufe. Jeder Vogel, erzählt eine Strophe des kosmischen Liedes. Jeder Vogel, singt die gleiche Melodie jedes Mal so, als ob er das erste und das letzte Mal singen würde. Und wie wenn das, das Allerwichtigste überhaupt ist im ganzen Universum, das ist Hingabe, ich spüre auch meine Hingabe, mein ganzes Herz ist erfüllt vom Gesang der Vögel. Jetzt spüre ich wieder diese Reinheit um mich. Leicht und bequem löse ich mich von allem, was ich nicht mehr brauche. Wenn ich einen grünen Zweig im Herzen trage, wird sich ein Singvogel darauf niederlassen. Ich kann von den gefiederten Freunden sehr viel lernen. Auch wenn es um mich herum laute und knirschende Töne gibt, mein Ton sollte klar und freudig sein. Ich bin jetzt verständnisvoll, großzügig und liebevoll. Leicht und locker stehe ich jetzt auf, und setze meinen Weg auf den Berg der Erkenntnis fort. Ich gehe immer höher und höher den Berg hinauf. Ich bleibe stehen und genieße die herrliche Aussicht, ich atme ein paar Mal ganz tief in meinen Bauch und fülle meine Zellen mit Sauerstoff und Licht. Plötzlich, vernehme ich ein neues Geräusch, Wasserplätschern, womöglich ein Gebirgsbach. Ich drehe mich um, und sehe eine Quelle. Ich forme meine beiden Handflächen zu einer Schale, fülle sie mit Wasser, und trinke daraus. Dieses klare, reine Wasser tut meinem Körper gut. Ich fühle mich wohl. Ich gehe einige Schritte weiter auf den Weg der Erkenntnis und vernehme nun, neue, starke Energien. Neben mir, eine steil aufragende Felswand, ich nähere mich dieser Felswand. Umso näher ich komme, fühle ich, dass diese Energie hier anders wird, ich weiß, dies ist ein Ort der Kraft. Nun, kann ich den Eingang einer Höhle erkennen, und ich frage mich – vielleicht ein uralter Platz? Soll ich in die Höhle hineingehen? Irgendwie drängt es mich, in diese Höhle zu gehen, ich fühle, ab heute liebe ich das Unbekannte, das mir begegnen wird. Ich trete ein, und höre erneut ein leises Wasserplätschern. Ich folge diesem Geräusch, und gehe Schritt für Schritt immer tiefer in diese Höhle hinein. Ich kann diese Steine berühren, und fühle, um mich herum, diese Energien. Es ist eigenartig, anstatt dass es immer dunkler wird, erkenne ich in der Ferne ein Licht. Ich gehe weiter, es wird immer heller, und ich folge dem Licht. Nun, kann ich die Sonnenstrahlen erkennen, und ich traue meinen Augen nicht, wie einem Wunder gleich, vor mir liegt ein traumhafter Bergsee, darüber der tiefblaue Himmel und strahlender Sonnenschein. Mitten im Berg, darf ich so ein Naturschauspiel miterleben. Ich gehe zum Seeufer, und entdecke ein kleines Ruderboot, angebunden an einem Holzsteg. Nun, betrete ich den Steg, und spüre erneut diese starken Energien, die Felsen, das Wasser, und dieses strahlende Sonnenlicht. Ich fühle, den Wind auf meiner Stirn. Die Stirn ist kühl. Und meine Lungen sind erfüllt von dieser klaren Bergluft. Plötzlich, verspüre ich Lust, in das Boot einzusteigen. Ich mache das Boot los, betätige die Ruder, und treibe ganz gemächlich über den See. Die atemberaubende Natur, die glitzernde Wasseroberfläche des Bergsees, und diese Stille, besänftigen meine Sinne. Nun, lasse ich die Ruder einfach los, ich sitze ganz ruhig da, und blicke in den See. Die Wasseroberfläche beruhigt sich immer mehr und mehr. Mein Blick in den See

wird immer tiefer und tiefer. Die Wasseroberfläche des Sees ist nun spiegelglatt. Und immer deutlicher, kann ich mein eigenes Spiegelbild erkennen. Ich erkenne nun, mein Gesicht, kann diesem Spiegelbild hindurchblicken, und erblicke mein wahres Wesen. Ich bin nun ganz ruhig und entspannt. Ich bin nun auf meinem Weg der Erkenntnis angekommen. Ich kann durch mich hindurch sehen, und erkenne mich selbst. Ich bin ein Lichtbote des Universums. Ich öffne nun mein Herz, und erkenne mich als Mitschöpfer. Ich lasse die Quelle durch mein Herz sprechen: Mitschöpfen ist lieben – mitschöpfen ist Verstehen – mitschöpfen ist teilen – mitschöpfen ist geben – mitschöpfen ist Gottes Abbild auf Erden sein – mitschöpfen ist Vertrauen - Vertrauen ist Liebe - Liebe ist Leben. Ich bin das Licht in dieser Welt. Das Licht in mir, bringt jetzt und jederzeit Erfüllung in mein Leben.
Ich bin Gottes Liebe in Tätigkeit auf Erden. Ich finde das richtige Maß, Licht und Materie, in der richtigen Mischung zu leben. Ich bin jetzt in meiner Mitte. Heute, schreite ich mit Vertrauen und Leichtigkeit voran. Heute, sehe ich in mir, ein wunderbares Wesen, das sehr weise und schön ist. Heute, finde ich in mir die Kraft für positive Veränderungen. Heute, öffne ich mein Herz und lasse meine Heilenergie frei fließen. Heute, lasse ich zu, dass die Liebe aus meinem eigenen Herzen mich durchströmt, und jede Zelle meines Körpers, und alle meine Gefühle reinigt und heilt. Ich habe mein Göttliches Erbe angetreten, und ich werde hell und strahlend wie die Sonne. Ich bin endlich heimgekehrt, ich bin wieder zu Hause. Mehr und mehr, werde ich selbst zum Licht. Ich werde strahlend hell, heller als die Sonne, zu einem Licht, dass in mein Leben und in meine Umgebung leuchtet, und anderen hilft, den richtigen Weg zu erkennen. Mein Licht leuchtet immer strahlender, und wo immer ich hinkomme, wird die Welt lichter. Froh und dankbar, nehme ich noch einmal

ganz bewusst, dieses wunderbare Licht wahr. Dieses Licht erfüllt nun mein ganzes Wesen. Ich bringe dieses Licht in meine Umwelt hinaus, in meinen Alltag, und ich schöpfe immer aus dieser ewigen Quelle – in hilfreicher Liebe zu allen Menschen. Ich bin froh und dankbar, endlich heimgefunden zu haben, heimgefunden nach Hause. Jetzt hebe ich nun ganz langsam meine Arme, mit den Handflächen nach oben, immer weiter und weiter nach oben. Ich öffne mich, dem Einströmen des Lichts. Ich hebe meine Arme immer weiter nach oben. Ich öffne nun mein Kronenchakra, und Göttliches Licht durchströmt meinen Geist, mein Gemüt und jede Zelle meines Körpers. Ich sehe großartig aus, und fühle mich großartig. Ich verbinde mich jetzt mit meinem HÖHEREN SELBST, und ich atme goldenes Licht durch mein Kronenchakra in mein Herzchakra ein. Alle meine Zellen, füllen sich mit Licht, Liebe und Sauerstoff. Ich bin strahlende Gesundheit. Dankbarkeit erfüllt mein Herz, und ich fühle, das Licht in mir bringt jetzt und jederzeit Erfüllung in mein Leben. Ich spüre, diese Energie zwischen meinen Handflächen. Ich nehme dieses Göttliche Licht, diese kosmische Strahlung wie unter einer Dusche ganz tief in mich auf. Ich bin nun ganz erfüllt, ich bin nun eingehüllt in diesem Licht. Ich bin Kanal, ich bin eins mit der Göttlichen Liebe. Ich nehme meine Arme nun ganz langsam wieder herunter.
Ganz langsam sinken meine Arme wieder herunter. Ich lege meine Hände, mit den Handflächen nach oben, auf meine Oberschenkel. Vollkommene Harmonie durchfließt jetzt meinen Körper. Ich fühle mich wohl und stark. Ich bin der Mittelpunkt, ich bin Teil des Kosmos, ich bin Teil der Erde, ich bin eingehüllt, wie von einem Lichtmantel. Ich nehme dieses Licht mit hinaus in den Alltag, und leuchte allen Menschen, und zeige den richtigen Weg in dienender Liebe. Schön langsam, sehe ich wieder mein Spiegelbild auf der Wasseroberfläche des Sees,

ich sehe mein Gesicht, ich spüre, meinen Atem frei fließen. Meine Füße werden frei, und ich bin ganz wach, ich fühle mich ganz wach. Mit jedem Atemzug werde ich wacher und wacher. Ich strecke mich, und ich fühle mich wohl. Ich bin wach, ganz wach. Ich atme nochmals tief ein und ich bin hellwach. Ich öffne meine Augen und strecke mich, ich bin ganz wach, ganz im HIER und JETZT! Ich atme nochmals ganz tief ein und aus. Augen auf, ich bin hellwach, ich fühle mich wohl in meiner Energie, ich bin ganz wach im HIER und JETZT!

Bitte mache diese wundervolle Lichtmeditation von Zeit zu Zeit und Du bist dann als Lichtdienende(r) an den Kreislauf der Liebe und des Lichtes angeschlossen. Meditation ist das Fundament der Persönlichkeit des Menschen. Es kann leicht sein, dass auch bei Dir dann Tränen fließen, Tränen sind ja der Bach des Lebens, und sie öffnen zugleich Deine Seele. Gerade bei dieser Fantasiereise ins Licht war es mein Wunsch, die Herzensenergie zwischen uns zum Schwingen zu bringen, dadurch können wir eine Brücke von Herz zu Herz bauen.

Meine Empfehlung:
Am besten wäre es, diese Meditation im "SITZEN" zu machen, da Du ja am Ende dieser Fantasiereise die Arme öffnest und Dich mit dem Licht verbindest. Wenn es Dir aber lieber ist, geht es auch im "LIEGEN".

Du kannst Dir natürlich auch diese Lichtmeditation auf eine Kassette aufnehmen, also selbst besprechen und sie mit einer Meditationsmusik untermalen. Sie ist aber auch erhältlich: über den Aloha - Verlag – Heinz Kerschbaumer per Kassette oder CD (siehe unter Produkte & Preise im Anhang)

Zusammenfassung

1. Wer sich konzentriert, der wächst, wer sich verzettelt, der schrumpft. Du hast stets die Wahl, worauf Du Dich konzentrieren möchtest – auf das Gute oder das Böse – auf das Wesentliche oder auf das Unwesentliche.

2. Gehe also nicht irgendeinen Weg, nein, gehe Deinen eigenen Weg! Weiche nicht ab vom Weg und alles wird Dir gegeben, denn der Weg ist alles!

3. Der Sinn des Lebens besteht darin, seine Lebensträume zu verwirklichen und ein traumhaftes Leben zu führen. Das ganze Leben antwortet auf Vertrauen! Lebe stimmig und leide nicht mehr, liebe, so viel Du kannst!

4. Du leidest nur durch Deinen Mangel an Liebe, erlaube doch Deiner Energie, wieder mit der Sonne zu reisen. Erkenne: Du bist Teil der allerhöchsten Kraft! Es steht Dir nur das Allerbeste zu. Gib niemals auf, denn aufgeben tut man nur einen Brief!

5. Leben wir also im Gefühl der Verbundenheit! Beziehungen dienen unserer Verbundenheit. Die zwei wohl wertvollsten Energieformen sind die Zeit und die Liebe. Dein Weg zur Liebe führt immer über die Vergebung. Liebe den heutigen Tag und gib Dein Bestes!

6. Lasse Dich wieder vom "Aloha – Spirit" berühren und gewinne somit wieder die Lust am Leben. Das Leben ist ein Traum – ein Traum, den wir mit der gesamten Schöpfung, mit unseren Mitmenschen, aber auch mit uns selber teilen. Erlerne die hohe Kunst des Wandelns und sei ein Überwinder! Warum ärgern, wenn´s vorbei ist?

7. Erkenne: Das problemorientierte Denken ist der Totengräber Deines Glücks. Löse also alle Deine Probleme, indem Du aufhörst, selbst ein Problem zu sein. Stehe Dir nicht selber mehr in der Sonne, verbaue Dir also nicht Deinen eigenen Weg! Aus unseren Gedanken entsteht die Wirklichkeit. Suche zunächst einmal den Ort in Dir auf, der Deine äußere Welt erschafft und verändere ihn.

8. Feiere auch Du öfters in Deinem Leben. Egal mit, oder ohne Grund und genieße den heutigen Tag mit all Deinen Sinnen. Bringe wieder mehr Lebensfreude und Lebendigkeit zum Ausdruck, denn auch Du bist ein "Glückskind" auf Erden! Warte nicht mehr länger, um glücklich zu werden!

9. Die Welt ist das, wofür Du sie hältst. Es gibt keine Grenzen, Energie folgt der Aufmerksamkeit. Jetzt ist der Augenblick der Macht – ALOHA – Lieben heißt, glücklich zu sein mit… . Alle Macht kommt von innen, Wirksamkeit ist das Maß der Wahrheit. Jeden jederzeit helfen und niemanden verletzen. Bleibe Dir stets selber treu!

10. Alle seelischen Verletzungen, alle Kränkungen und schmerzvollen Erfahrungen aus der Vergangenheit, lasse ich in der Schublade der Vergangenheit! All dies lasse ich jetzt los. Es hat keinen Bestand mehr in meinem Leben! All dies hat keine Macht mehr in meinem Leben! Ich bin frei – ich bin frei – danke Vater, und so ist es!

11. Jedes Ende ist ein strahlender Beginn und auch der Tod ist ein natürlicher Teil des Lebens, er ist die große Abschlussprüfung. Lebenskunst beginnt und endet mit dem "LOSLASSEN"! Der Mensch ist wie ein Haus, er besteht aus vielen vertrauten, aber auch verborgenen Zimmern.

12. *Ein dankbares Herz ist Gott sehr nahe. Dankbarkeit ist zwar eine ruhige Energie, dennoch eine sehr wirkungsvolle. Positive Affirmations-Behandlungen können Dir helfen, eine positive, schöne, gesunde und glückliche Zukunft aufzubauen. Danke, dass mir jetzt alles, was ich tue, Lebendigkeit und Wachstum bringt!*

13. *Alles in meinem Leben ist LOBENSWERT, LIEBENSWERT und DANKENSWERT! Der Pulsschlag vom gesamten Universum lautet: "GEBEN und NEHMEN", alles, was wir aussenden, kehrt unweigerlich in unser Leben wieder zurück.*

14. *Möchtest Du einem Wunder begegnen? Dann versuche es mal mit dem Segnen! Sei doch für jeden ein Segen, der das Glück hat, Dir zu begegnen! Das Kopf- und Herzdenken müssen sich im Einklang befinden. Das Segnen ist nur an die "EHRLICHKEIT" gebunden, jedoch an kein Ritual!*

15. *Das, was Du über andere denkst erzeugst Du in Dir! Pass auf, was Du denkst, weil was Du denkst, das kommt! Im Guten, wie im Bösen!*

16. *Ein Leben ohne Musik, ist ein großer Fehler! Höre wieder öfters Deine Lieblingsmusik. Auch Engelmusik wird Dein Herzchakra öffnen, und die Schwingung all Deiner Zellen erhöhen. Tauche also ein in Dein "Liebesbad".*

17. *Wir können also unser Leben durch das "LIEBEVOLLE SEGNEN" vergolden! Du kommst dadurch mit Deinem innersten Wesen – das "LIEBE" ist – in Einklang! Damit werden alle Deine Probleme auf ein Minimum reduziert. Alles, was Du segnest, wird Dir auch zum SEGEN.*

Was möchte ich mir von diesem Kapitel merken?

1. _____

2. _____

3. _____

4. _____

5. _____

*Die unbegrenzte, göttliche Schöpferkraft in mir
lässt mich jetzt große Dinge vollbringen.
Begeisterung, Liebe und Glück
bringen mein Herz jetzt zum Singen!*

3. Kapitel
Dein persönliches „Glückstraining"

> **Sage nicht:
> Ich möchte glücklich werden,
> sondern erkenne:
> Du bist ein Glückskind
> auf Erden!**

Sage: Ich bin glücklich!

Glückskinder dieser Welt

Glückskinder dieser Welt,
sind nicht unbedingt Leute
mit dem meisten Geld.
Es sind auch nicht die Menschen,
die sich um die allgemeine
Wirtschaftslage sorgen,
bzw. diejenigen, die ständig über
Vergangenes grübeln und Angst
haben vor dem Morgen.

Damit wird nicht nur mehr
Negatives angezogen,
sie stimmen auch
noch in das Gejammer der
Masse ein, und fühlen sich nicht
selten vom Leben betrogen.

Glückskinder dieser Welt

An dieser Stelle darf ich Dir zunächst einmal gratulieren, weil Du ja bis zum dritten Kapitel durchgehalten hast. Im letzten Abschnitt dieses Buches, wo es ja um Dein persönliches Glückstraining geht, hast Du es wirklich selber in der Hand, aus Deinem Leben das eine oder das andere zu machen. Es liegt an Dir, ob Du es Dir zur Gewohnheit machst, ins Dunkle oder ins Licht zu blicken. Denke stets daran: Die Energie folgt Deiner Aufmerksamkeit! Ich wiederhole es nochmals: alles beginnt durch und mit unseren Gedanken! Du alleine setzt Dir die Schranken! Die Welt ist also genau das, wozu Deine Gedanken es machen. Wie heißt es denn so schön? An sich, ist nichts gut oder schlecht, erst unser Denken macht es dazu! Es gibt auch nichts Gutes, es sei denn, man tut es! Ja, in der Tat, die Lebensbejahung ist der entscheidende Faktor für unser Glück.

> *Nur, wenn Du zum Leben "JA" sagst,*
> *und nicht "ja, aber" oder "NEIN",*
> *lässt Dich der Wächter am Tor*
> *Deines Schlosses hinein!*
> *Setze also "RICHTIG" die Segel,*
> *und verlasse Dich nicht nur auf den Wind,*
> *verbinde Dich mit den Glücksströmen,*
> *denn Du bist ein von Gott geliebtes Kind!*

Alle bedeutenden Persönlichkeiten waren JA-SAGER! Als Glückskind darfst auch Du "JA-SAGEN" zum Leben, zum Sein, zum Göttlichen, zu Dir und zu Deinen Mitmenschen. Glück ist ein dynamischer Kreislauf! Wer einmal den Einstieg gefunden hat, kennt seinen Weg

Glückskinder dieser Welt

Der Gedanke ist das Eine, das
Wesentliche jeder
Handlung geht er voraus!
Doch wage den Blick jetzt nach innen,
wie sieht es in Deinem Gemüt,
in Deinem Herzen aus?

Es ist also möglich ein Leben in Glück
und Ausgefülltheit zu leben.
Steig ein in einen bunten Ballon
zu den Glückskindern dieser Welt,
und Du kannst mit ihnen gemeinsam
abheben und schweben!

Lebe Deine Träume und genieße
die Freiheit Deiner Gedanken,
denn sie führen Dich zum höchsten Glück,
weit über Deine alten Schranken.

zum Glück. Jeder muss zunächst einmal bei sich anfangen. Sobald Du also Dein Leben von innen heraus bejahst, gewinnst Du an Selbstvertrauen und Mut, und Dein "JA zum Leben" verleiht Dir Kraft und Erfolg. Jasager sein bedeutet aber keinesfalls zu allem >Ja und Amen> sagen. Wir leben in einem Universum der freien Wahl, triff also Deine Entscheidung, sprich das schöpferische Wort, glaube an Dich und an Deine positive Zukunft, und sei ein Mensch der Tat. Die 72 – Stundenregel besagt, Du sollst innerhalb von drei Tagen, den ersten Schritt im Außen vollziehen, das heißt, ohne langes Zögern die erste Handlung setzen. Machst Du das nicht, spricht es neun zu eins gegen Dich! Es ist dann sehr unwahrscheinlich, dass Du es irgendwann später nochmals angehst. Wenn Du jedoch diese 72 – Stundenregel befolgst, wird Dir Erfolg beschieden sein, und auf längere Sicht wirst Du zum Tatmenschen! Erfolg hat ja nur drei Buchstaben: TUN - ich muss es also auch tun! Glück und Erfolg werden immer auf der Sonnenseite des Lebens errungen. Dafür aber ist jene rechte Einstellung Voraussetzung, die das Leben als Freund und Helfer bejaht und durch diese Geisteshaltung das Dasein lichter und leichter macht. Das Glück liebt also die "Positivdenker"! Und wenn Du Dich für diese Bewusstseinsschulung entscheidest, dann geht es gar nicht anders, Du wirst automatisch zum Glückskind auf Erden. Warum? Ganz einfach, Du ziehst nach dem Resonanzgesetz: "Gleiches zieht Gleiches an" immer mehr Freude, Fülle und Glück in Dein Leben. Dieses Glückstraining wird Dir also helfen, den Teufelskreis des negativen Denkens zu durchbrechen. Und dann heißt es auch nicht mehr für Dich: "Ein Unglück kommt selten allein". Nein, im Gegenteil – durch Dein neues Chancenbewusstsein lässt Du Dein Glück jetzt herein!

Glückskinder dieser Welt

*Eines wird an dieser Stelle
nochmals betont,
wenn Du bereit bist, einige
Gewohnheiten in Deinem täglichen
Denken zu verändern, wirst Du mit
dem Himmel auf Erden belohnt!*

*Beginne Deinen Geist
neu zu programmieren
und Du wirst immer seltener
im Lebensspiel verlieren.*

*Vergiss nie die Liebe, die zwei
Herzen miteinander verbindet,
die alles in sich aufnimmt,
und schließlich all das
Grauenvolle überwindet.*

Dein persönliches "Glückstraining"

1. Schritt: Den Rucksack der Vergangenheit abschütteln

Ist es nicht interessant, dass wir Menschen gleichzeitig in drei Welten leben? Wir leben mit unserer Erinnerung in die Vergangenheit hinein, mit unserer Fantasie in die Zukunft, und mit den gegenwärtigen Gedanken in der Gegenwart. Dennoch, bis heute hat kein Mensch auf dieser Welt noch Zukunft erlebt. Wir erleben immer nur die Gegenwart! Wenn ich mich jedoch mit meinen Gedanken in der Vergangenheit aufhalte, versäume ich meine Zukunft. Die aber, wartet darauf, von mir als Schöpfer in Form gebracht zu werden. Es ist nicht wie bei dem Witz mit Karl Valentin, der in München einmal von einem Touristen gefragt wurde, wo geht es denn da zum Bahnhof? Und Karl Valentin gab zur Antwort: Ja, um Himmelswillen, da kommen Sie ja schon ganz falsch! Es ist doch völlig egal, woher Du kommst, entscheidend ist doch nur, wo Du hin willst! Das heißt, für den Positivdenker ist nicht wichtig, was war, sondern was jetzt nun wird! Ich bringe das Ganze nochmals auf den Punkt. Es ist völlig egal, in welchen Lebensumständen Du Dich derzeit befindest, das einzige, worauf es ankommt, ist doch nur, was Du aus Deinen derzeitigen Lebensumständen machst, wie Du damit umgehst! Die Eintrittskarte zum positiven Denken bekommst Du nur, wenn Du also den "RUCKSACK DER VERGANGENHEIT" abschüttelst!

> **Denke an die zwei größten Stolpersteine:**
> **"Grübeln über Vergangenes**
> **und sich Sorgen machen über Zukünftiges".**

Glückskinder dieser Welt

Verströme an jedem neuen Tag
Dein Glücklichsein und Deine
Liebe, dann bist Du voll magnetisiert
und lass Dich
einfach überraschen, was daraus
folgt und schließlich wird.

Entwickle eine Vision,
gestalte Deine Zukunft neu,
und lass Dich bei Deiner Arbeit
von Deinem Herzen leiten.
Liebe Deine Berufung
für die Du geboren bist,
und Du kannst Deinen
begrenzten Verstand
ganz leicht überschreiten.

Dann sind wir wieder einmal überall draußen, in der weiten Welt, nur nicht da, wo das Leben stattfindet! Ich kann mich jetzt schon auf das nächste Wochenende freuen, den kommenden Urlaub planen, aber leben kann ich nur
HEUTE!
Selbst wenn Du heute einen schweren Tag hattest. Unter diesem Licht betrachtet, könnten wir uns sogar die Frage stellen: Was interessiert mich ein schwerer Tag? Der war doch! Jetzt bin ich in meiner Energie - in meiner Kraft! Der schwere Tag liegt doch bereits hinter mir, lass ihn los!

> **Was interessieren mich ständig meine Sorgen? Weshalb richte ich heute meinen Blick auf Morgen? Sobald ich erkenne, ich brauche nur als "ICH SELBST" zu leben, wird mir das Leben auch alles geben. Viele Menschen können es bis jetzt nicht fassen, Lebenskunst beginnt und endet mit dem "LOSLASSEN"! Die Vergangenheit ist vorbei, blicke also nicht zurück, verweile lieber im JETZT und genieße jeden Augenblick!**

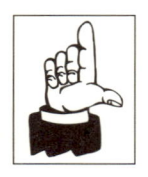

Und jetzt kannst Du gleich wieder aktiv werden!

Nimm Dein Tagebuch zur Hand, und notiere alles zum Thema: "LOSLASSEN, was nicht glücklich macht"!
Denn die Dinge, die Du im Rucksack hast, sind dort nicht ohne Grund. Es kann sehr hilfreich dabei sein, wenn es Dir gelingt, unerwünschte Gefühle und Reaktionen allmählich durch Erkenntnis auszulöschen und loszulassen.

Glückskinder dieser Welt

Gib jedem Tag die Chance,

der schönste Deines Lebens

zu werden.

Lebe Deinen Traum,

hebe ab,

und Du bist der glücklichste

Mensch auf Erden.

Hier gebe ich Dir einige Anregungen:
Loszulassen ist der Ärger, sowie der Stress. Loszulassen sind die unbegründeten Ängste und Sorgen. Loszulassen sind all die schmerzvollen Erfahrungen aus der Vergangenheit. Loszulassen sind Enttäuschungen und Erwartungen. Loszulassen sind die Schuldgefühle, die Aggressionen und die Minderwertigkeitsgefühle. Loszulassen sind Egoismus, Eitelkeit und Neid. Loszulassen ist Selbstmitleid. Loszulassen ist die Gewohnheit, Dinge ständig hinauszuzögern, vor sich her zu schieben.

Nimm Dir mindestens eine gute Stunde Zeit für diese Übung, und ergänze sie durch all jene Bereiche, die Dir noch am Herzen liegen. Gehe in die Tiefe, und entleere Deinen Rucksack völlig – Du wirst Erleichterung in Dir verspüren, denn Du sprichst jedes Mal hinterher das
<u>*MACHTWORT:*</u>
All dies lasse ich jetzt los! All dies hat keine Macht mehr in meinem Leben! All dies hat keinen Bestand mehr in meinem Leben! Ich lasse JETZT los, und ich bin frei! All dies lasse ich JETZT los, und ich fühle mich frei! Danke, so ist es!

Denke daran: Die letzte Minute ist bereits Vergangenheit, und die Zukunft hat noch nicht begonnen! Deine Zukunft ist JETZT! Wir erschaffen unsere Lebenswirklichkeit immer im GEGENWÄRTIGEN AUGENBLICK! JETZT ist also der Ansatzpunkt unserer Macht!

> <u>*Die nun folgenden 3 Stufen sind hilfreich:*</u>
> *1. Stufe: "Bewusstmachung" - Womit bin ich unzufrieden?*
> *2. Stufe: Ich treffe eine klare "Entscheidung"!*
> *3. Stufe: "Handeln" – ICH TUE ES JETZT!*

Dein persönliches "Glückstraining"

2. Schritt: Sich frei machen von der Meinung der anderen

Wenn wir erst einmal erkannt haben, wie wichtig jeder Gedanke für das ist, was uns im Leben geschieht, beginnen wir natürlich auf unsere Gedanken zu achten und bemerken Negatives viel deutlicher, je positiver wir gestimmt sind. Je stärker die Auswirkungen von Energiefeldern im Alltag uns bewusst werden, umso behutsamer wird der Wächter am Tor unseres Bewusstseins die Kontrolle übernehmen. Ein Grundgesetz lautet: Alles beeinflusst alles, jeder beeinflusst jeden. Alles, was ich bewirke, wirkt auch auf mich! Das nun folgende Beispiel soll das Ganze verdeutlichen: Stell Dir vor, die gesamte Erde, ja die allumfassende Lebensbühne, auf der wir uns bewegen, ist ein riesengroßes Energiefeld. Und bei ca. sechs Milliarden Menschen auf unserem Globus stellt jeder einzelne einen Energiepunkt dar. Stell Dir nur einmal vor, wie Gedankenformen und Energiefelder unseren Alltag bestimmen. Es gibt unzählige Abstufungen und ganz unterschiedliche Schwingungsniveaus. Jeder Mensch hat also seine ganz bestimmte Aura. Der Mensch ist zu jeder Zeit Bürger zweier Welten – der materiellen und der feinstofflichen. Genauso können wir der Einfachheit halber, die Menschen unterteilen in Wissende und Unwissende, in Gute und Schlechte, in Glückliche und Unglückliche, in Erfolgreiche und Nichterfolgreiche, in Optimisten und Pessimisten und so fort, das Gesetz der Polarität! Natürlich unterscheiden wir dann auch zwischen POSITIVEN und NEGATIVEN! Ich sagte es bereits, um bei unserem Beispiel zu bleiben, jeder Mensch stellt nun einen Energiepunkt in einem unendlichen Energiefeld dar. Jetzt bringen wir es auf den Punkt.

Es gibt dann also nur positive und negative Energiepunkte in einem unendlich großen Meer von Energien. Jeder Mensch ist also so ein Energiepunkt, und entweder bist Du positiv oder negativ gepolt. Nach dem Resonanzgesetz – Gleiches zieht Gleiches an - verbinden sich also alle negativen Energiepunkte untereinander genauso, wie die positiven Energiepunkte. Das ist auch der Grund, warum der Unglücksrabe den Pechvogel anzieht und der Täter sein Opfer. Was in die eine Richtung funktioniert, das funktioniert auch in die andere. Deine Gedanken sind also Mitschöpfer Deiner gesamten Welt. Du allein hältst den Schlüssel in der Hand! Mache Dir also stets bewusst, das ganze Leben besteht aus Suggestionen, aus Fremdsuggestionen und aus Eigensuggestionen, aus positiven Suggestionen und aus negativen Suggestionen. Als Schöpfer bestimmst Du selbst, ob Du Dich ständig der Fremdberieselung in Form von Medien, Nachbarn und Arbeitskollegen hingibst, oder ob Du Dein Leben vorwiegend selbst bestimmst. Allein durch die Werbung, die uns ständig suggeriert, welches Öl in die Pfanne kommt, welches Deo wir verwenden sollen und wie wichtig es ist, das neueste Handy zum Nulltarif zu besitzen, spricht schon eine klare Sprache, wie wir von außen beeinflusst und letztendlich manipuliert werden. Das Ganze ergibt doch keinen Sinn – oder? Das ist doch nur gut um die Produkte erfolgreich zu verkaufen. Sicherlich heißt es auch: Wer nicht wirbt der stirbt! Dennoch sollten wir uns frei machen von der Meinung der anderen und der permanenten Beeinflussung von außen. Lass Dir also nicht ständig eintrichtern, was Dich glücklich zu machen hat. Höre wieder auf Dein Inneres und finde es selbst heraus was Dich zum höchsten Glück erhebt! Zu vieles strömt ständig von allen Seiten auf uns ein. Wer sich selbst nicht beherrscht, wird von außen beherrscht. Höre auf Dich selbst.

Wir Menschen sind alle in einer Umbruchstimmung und wir sollten von innen nach außen arbeiten und nicht von außen nach innen! Die aufgewirbelten globalen Energiefelder, die sich ebenfalls in einem Umbruch befinden, können innerhalb dieser neuen Einstrahlung, bedingt durch das Resonanzgesetz, den inkarnierten Seelen die Möglichkeit bieten, wesensgleiche Schwingungen zu berühren, um über dieses Erkennen und Annehmen das innere Wesen auszurichten auf den heilenden, liebevollen Strom höchster Energien. Als aufwärtsstrebende Seele und als Lichtdienende(r) mögen alle Deine Herzenswünsche in Erfüllung gehen. Schön, wenn durch Dein Wirken unsere ganze Weltgemeinschaft sich zu universeller Harmonie, Wohlbefinden und spiritueller Klarheit erhebt. Danke für Deinen Beitrag.

Lass Deine Seele von den Engeln berühren! Hier einige wundervolle Botschaften für uns.

1. Lest inspirierende Bücher, damit öffnet ihr Euren Geist!
2. Konzentriert Euch auf Schönheit, Freude und höhere Eigenschaften.
3. Geht möglichst oft in der Natur spazieren, und genießt sie mit all Euren Sinnen. Nur wo der Mensch die Natur berührt, berührt sie ihn!
4. Hört inspirierende Musik, Musik dringt in Eure Zellen und erhöht Eure Schwingung.
5. Bedankt Euch immer für das, was ihr habt, mit einem Dankeschön sendet Ihr eine positive Energie aus, durch die noch mehr gute Dinge in Euer Leben kommen.
6. Entspannt Euch, wir wissen, dass es schwierig ist, wenn Ihr das Gefühl habt im Strom des Lebens dahinzubrausen, aber wir bitten Euch: habt Vertrauen und lasst Euch vom Strom mittragen!

Dein persönliches "Glückstraining"

3. Schritt: Den Schritt vom Opfer zum Schöpfer vollziehen

Menschen, die sich für ein Opfer halten, möchten gerettet werden und das macht sie von anderen abhängig, wenn sie sich wohl fühlen wollen. Man kann dieses Phänomen in persönlichen Beziehungen ebenso sehen, wie in Arbeitsbeziehungen oder in Beziehungen zum Staat. Wenn wir glauben, dass andere Schuld an unserem Unglück haben, dann glauben wir umgekehrt womöglich auch, dass sie für unser Glück zuständig sind. In unserer Angst, auch weiterhin unglücklich sein zu müssen, sind wir misstrauisch und handeln deshalb manipulativ. Wir entwickeln Mangelbewusstsein und glauben, wir sollten lieber andere ausnutzen als uns von ihnen ausnutzen zu lassen. Diese "entweder-er-oder-ich" Einstellung schafft eine Situation, in der einer verlieren muss, damit es einen Sieger geben kann. Wenn wir hingegen unserer Essenz gemäß leben, möchten wir das Leben anderer bereichern. Die Sieger/Verlierer Einstellung verhindert dies jedoch. Manche Menschen haben bewusst oder unbewusst subtile Mittel und Wege entwickelt, ihre Opferhaltung zur Manipulation anderer einzusetzen. Wir können nur gesund sein, wenn wir glauben, gesund zu sein. Wir können nur glücklich sein, wenn wir davon innerlich überzeugt sind, glücklich zu sein. Wenn wir versuchen, glücklich zu werden, ist das nicht so befriedigend, als einfach anzuerkennen, dass wir bereits glücklich sind. Kurz: Uns ist nur dann bewusst, dass die Sonne scheint, wenn wir davon überzeugt sind, dass sie es tut. Lass doch die Sonne für immer in Deinem Herzen strahlen. Auch Du bist ein Licht in dieser Welt!

Möchtest Du die Kraft der Sonne spüren?

Stell Dir einfach vor, Du ladest Dich auf mit Sonnenenergie, universeller Lebensenergie. Sprich nun laut und deutlich:

"Ich atme jetzt Sonnenkraft und strahle wie die Sonne. Das Sonnenlicht durchpulst jetzt jede Zelle meines Körpers, und ich strahle jetzt so hell wie die Sonne, noch heller, heller als die Sonne, das tut mir gut!"

Tief einatmen, die Arme ausbreiten, so als möchtest Du die ganze Welt umarmen. Dabei spürst Du, wie das Sonnenlicht durch Deinen Geist, durch Deinen Körper und durch Dein ganzes Gemüt strömt. Alle Verspannungen und Blockaden werden durch die Wärme der Sonne aufgelöst. Du fühlst Dich jetzt wohl in Deiner Haut. Spürst Du nun, wie die Sonnenstrahlen in Deinen Körper dringen und wie Dein Geist hell und klar wird? Ein tiefes Wohlgefühl kommt aus der Tiefe Deiner Seele und Du strahlst selbst heller noch als die Sonne. Das Sonnenlicht reinigt und heilt, beruhigt und entspannt, erfüllt Dich mit Frieden, neuer Energie und Heiterkeit.

Der Weg zum Erfolg liegt darin, davon überzeugt zu sein, dass wir von Augenblick zu Augenblick genau das kreieren, was wir wollen. Es ist kein Erfolg, darüber zu reden, was man zu schaffen versucht. Man ist vielmehr erfolgreich, wenn man seine Vision ganz klar vor Augen hat und weiß, dass sie sich kontinuierlich und im Einklang mit dem Sinn des Lebens entfaltet. Unser gesamtes Leben ist die Summe all unserer Glaubenssätze, die wiederum unser Glaubenssystem speisen. Jedem geschieht nach seinem Glauben! In moderner Sprache ausgedrückt gilt auch: Was auch immer Du in Deinem Bewusstsein trägst, was Deinen Geist also erfüllt, das strahlst Du auch aus! Was auch immer unsere Aufmerksamkeit beschäftigt, beherrscht unser Leben. Aufmerksamkeit ist der Schlüssel, Dein freier Wille liegt in der Wahl dessen, worauf Du Deinen Fokus richtest. Dasjenige, auf das Du Deine stete Aufmerksamkeit richtest, wird in Dein Leben kommen und es beherrschen. Wenn Du Deinen Gedankenlaser nicht auf etwas Besonderes richtest, und die meisten Menschen tun das nicht, so wird nichts Besonderes in Dein Leben kommen, außer Ungewissheit und Unsicherheit, Du wirst wie ein Blatt im Wind sein. Uns selber oder andere als Opfer zu betrachten, untergräbt unsere Fähigkeit, Freude, Liebe und Glück in unser Leben zu bringen.

Da ja die Wirklichkeit immer genau das ist, was wirkt, sollten wir uns die Unterschiede zwischen Opfer- und Schöpfermentalität etwas näher anschauen. Betrachte doch mal folgende Überzeugung: "Ganz egal, was geschieht, ich bin niemals ein Opfer". Ja, es stimmt, manche Umstände entziehen sich unserer Kontrolle. Es geschehen uns viele unangenehme Dinge. Wir haben dennoch immer die Macht, uns für Überzeugungen zu entscheiden, die auch in schwierigen Zeiten unsere Freude und unser Wohlsein fördern. Allzu viele Menschen orientieren sich an den unangenehmen Umständen, statt sich für positive Überzeugungen zu entscheiden. Überzeugung schafft Erfahrung! Realität ist das Ergebnis unserer Überzeugungen! Wenn wir unsere Überzeugungen nicht verändern, erleben wir das GLEICHE wie bisher!

Die Realität folgt also meiner Überzeugung, und meine Überzeugung schafft die entsprechende Erfahrung.

Der Anfang aller REALITÄT ist ÜBERZEUGUNG!

Ein Opfer sagt: "Mensch, Du hast mir vor zwei Jahren begegnen müssen. Du hast mich so bitter verletzt, geschädigt und ausgenutzt. Es geht mir heute so elendig schlecht und Du bist Schuld"! So denkt, fühlt und spricht ein Opfer. Wenn Du jedoch mit einem Finger auf den anderen zeigst, schauen vier Finger auf Dich wieder zurück! Letztendlich bist Du wieder dran! Ein Schöpfer geht ganz anders ran. Ein Schöpfer weiß, die Begegnung mit Dir vor zwei Jahren war sicherlich eine schmerzvolle Erfahrung, aber ich lasse es in der Schublade der Vergangenheit drin. Ich hole es nicht bei jeder besten Gelegenheit hervor und spreche dann stunden- und tagelang darüber. Dadurch erschaffe ich es wieder neu! Nein, er versteht auch – das Leben hat uns für eine ganz bestimmte Lernaufgabe zusammengeführt, und der innere Gehalt, ja der aller innerste Gehalt besteht nun darin, Dir und mir aus einem ehrlichen und liebevollen Herzen zu verzeihen! Wie hieß es im zweiten Kapitel bereits? "Der Weg zur Liebe führt immer nur über die Vergebung".

Ein eigenes Beispiel soll veranschaulichen, wie die "Schöpfermentalität" sich auf die Wunschverwirklichung in meinem Leben positiv auswirkte. Im letzten Sommer, bei unserer 5-wöchigen Tahitireise verhalf mir meine Schöpferrolle zur Erfüllung meines Herzenswunsches. Es war in der ersten Urlaubswoche, bei einem ausführlichen Stadtbummel durch die Hauptstadt

Papeete, als wir in der Auslage eines Fotogeschäftes ein wundervolles Bild mit 14 Tahitimädchen vom "Heiva – Festival of Tahiti" entdeckten. Dieses Bild, in der Größe eines Posters stach mir sofort in die Augen! Diese kleinen, sowie jungen Mädchen, alle in gelben Kostümen, mit Muschelketten und traumhaften Kopfschmuck, lachten übers ganze Gesicht! Ich erschrak förmlich, da mich dieses Bild im Gesamteindruck in meiner Seele zutiefst berührte. Noch dazu in meiner Lieblingsfarbe "GELB", sie ist ja die Frohsinnfarbe! Und dann noch der Charme der Mädchen. Ich spürte augenblicklich, das bin ich, dieses Bild gehört zu mir! Ich sagte zu meiner Freundin: Lass uns hinein gehen, ich kaufe mir jetzt dieses Bild! Elftes Gebot – Du sollst Dich nicht täuschen! Nachdem ich den Verkäufer auf dieses Bild in der Auslage ansprach, mit der festen Absicht es auch zu kaufen, erwiderte er, dieses Bild machten die Fotografen beim Festival, und da seien Copyright – also die Rechte drauf, und deshalb ist dieses Bild unverkäuflich. Ich gab mich damit nicht zufrieden, und sagte nochmals: "Sie haben mich falsch verstanden – ich will dieses Bild unbedingt kaufen!" Da nahm er mich an der Hand und führte mich vor das Geschäft. Er erklärte mir, schauen Sie, dort drüben, drei Häuser weiter, da gibt es ein Einkaufszentrum mit auch wunderschönen Bildern vom "Heiva – Festival"! Gehen Sie da hin, vielleicht haben Sie dort mehr Glück! Und jetzt kommt es auf die innere Haltung an! Normalerweise, die meisten Menschen in der Opferrolle würden sich entsprechend so verhalten: "Ach, so ein Widerwurz, der hätte mir das Bild doch wirklich verkaufen können, ich hätte so eine Freude damit gehabt"! Schade, dass gerade dieses Bild unverkäuflich ist, ach so ein Pech! Ist doch wirklich gemein, dass... Wann immer Du Dich beschwerst, erschwerst Du Dir nur unnötig Dein Leben! So kann es niemals funktionieren, da wird nie etwas daraus! Aber genau so verhielt ich mich nicht! Ich wusste ganz tief in meinem Herzen, das ist mein Bild! Ich bedankte mich bereits für dieses traumhafte Bild. Nach wenigen Tagen, wir wollten den Film vom Fotoapparat wechseln, suchten also dieses Fotogeschäft wieder auf. Und als wir gerade zu Gange waren mit dem Filmwechseln, da kam der Chef des Hauses mit dem besagten Bild in der Hand auf mich zu, und fragte mich: Möchten Sie das Bild noch immer haben? Mir blieb fast die Luft weg und sagte: Was, kann ich das Bild jetzt wirklich kaufen? Er sagte "JA"!!! Ich zog meine Master Card, ließ es mir sofort einpacken, und heute hängt dieses Bild natürlich in meinem Wohnzimmer. Ich wusste ohnehin, im ersten Augenblick bereits – das ist "MEIN BILD"! Es ist wirklich mein Bild, ich sehe es mir jeden Tag voller Freude an. Das nenne ich Schöpfermentalität, das Ganze sofort im Denken und im Fühlen geistig in Besitz zu nehmen, dann wird es zur inneren Erfolgsgewissheit! Und keine Macht auf der Welt kann Dir das nehmen, es sei denn, wenn Du es Dir SELBST versagst. Dann ist es womöglich für immer weg! Du bist in Wahrheit ein Schöpfer! Jeder von uns ist ein Schöpfer. Und obwohl wir alle Schöpfer unserer Lebensumstände sind, verhalten sich die meisten Menschen doch als Opfer ihrer Lebensumstände. Bewusst oder unbewusst stellst Du Dich selber auf die eine Seite, oder eben auf die andere Seite. Sicherlich wechseln wir auch hin und wieder die Rollen, einmal schlüpfen wir in die Opferrolle, dann wechseln wir wieder zum Schöpfer. Egal wie es in Deinem Leben bisher war, die Vergangenheit ist ja sowieso vorbei, sie liegt hinter Dir. Entscheide Dich jetzt bewusst für die Schöpferrolle, und erkenne Dich als Schöpfer und als Gewinner im Lebensspiel wieder an! Identifiziere Dich als Schöpfer in Deiner neuen Rolle, in der Hauptrolle Deines Lebens, denn als Gewinner und als Schöpfer steht Dir unbegrenzte Schöpferkraft zur Verfügung! Du bist der Kapitän auf Deinem Lebensschiff! Dir steht das ALLERBESTE zu, Du willst doch in Dein Schloss! Dieser Schritt ist unverzichtbar auf Deinem neuen Glücks- und Erfolgspfad! Nimm also Dein geistiges Erbe wieder in Besitz, Du hast es nur für eine gewisse Zeit vernachlässigt, erinnere Dich wieder daran, denn:

<u>Das Gesetz der Schöpferkraft besagt:</u>

Das, was die meiste Kraft, die stärkste Energie hat, MANIFESTIERT SICH in Deinem Leben!

Also die Gedanken, die Vorstellungen, die Bilder, die ich von mir habe, was ich wirklich von mir halte, wie ich mich selbst sehe, was ich meiner Meinung nach bin, genau das spiegelt sich auf meiner Lebensbühne wider, das wird verlässlich geliefert!

Es besagt auch, dass alles, was Deine Energie bekommt, erschaffen und in Existenz gehalten wird.

Der Umgang mit dem lieben Geld

Für viele Menschen ist das liebe Geld,

das wichtigste in ihrer Welt.

Die einen jagen nach Erfolg

und wollen immer mehr und mehr,

doch nach Jahren fühlen sie sich dann

innerlich ganz leer.

Die anderen streben nach Liebe,

Erfüllung und nach dem großen Glück,

doch ohne Geld schickt sie das

Leben bald zurück.

Der Umgang mit dem lieben Geld

Es ist fast unvorstellbar, wie viele Menschen heute mit Geldknappheit, Arbeitslosigkeit und Existenzsorgen zu kämpfen haben, und dennoch mag die Botschaft beinahe unglaublich klingen: Wohlstand, Reichtum und Fülle sind in Wahrheit unser natürliches Geburtsrecht und Göttliches Erbe. Auf der Bühne des Lebens, die wir Realität nennen, herrschen Konkurrenzkampf, Pleiten, Armut, Mangel, Verunsicherung und Angst, mit stetig steigender Tendenz. Das Sozialnetz der meisten Staaten wird immer grobmaschiger und es hat den Anschein, immer mehr Menschen fallen in diesem Netz durch, ja es sieht fast so aus, als ob unser Wirtschaftssystem dabei ist, zusammenzubrechen. Dies geschieht, um uns darauf aufmerksam zu machen, dass ein System, welches auf Habgier, Selbstsucht und Machtmissbrauch beruht, nicht auf Dauer funktionieren kann. Es ist zerstörerisch in sich selbst. Da sich unsere Mutter Erde in einem Transformationsprozess befindet, das heißt, die immer stärker werdende Lichteinströmung in das Energiefeld der Erde, bewirkt eine Erhöhung der Schwingungsfrequenz. Angesichts einer solchen Lichtfülle, lassen sich viele der alten Formen und Systeme nicht mehr aufrechterhalten, und vieles tritt nun an die Oberfläche und wird, wie derzeit die Schwingung von Not, Angst und Mangel, noch einmal in seiner ganzen Hässlichkeit sichtbar. Aus höherer Sicht betrachtet, geschieht dies aber nur, damit die Knappheit verwandelt werde in Überfluss und Fülle. Es ist ein notwendiger Schritt zur Transformation der Mutter Erde. Da nun REICHTUM und FÜLLE dem NATÜRLICHEN ZUSTAND UNSERES WESENS entspricht, ist es jetzt an der Zeit, in die Schwingung von Gottes grenzenlosem Fluss des Reichtums und der Fülle erhoben zu werden.

Der Umgang mit dem lieben Geld

Wo viel Geld fließt,

da gibt es auch Neid,

wo Mangel herrscht,

gesellt sich bald das Leid.

Das Rad der Zeit läuft immer schneller,

durch Hektik, Stress und Neid,

fühlen sich viele dann im Keller.

Und zum Entsetzen vieler,
greift so mancher dann zum Alkohol,

denn er fühlt sich in seiner Haut
nicht mehr ganz so wohl.

Die Zeit ist jetzt reif für alle Licht Dienenden dieser Welt, ihr Göttliches Geburtsrecht des Wohlstands zurückzuerlangen, denn die Quelle allen Reichtums, die auch aus Deinem Göttlichen Bewusstsein, Deiner Gottgegenwart "ICH BIN" strahlt, ist auch die Quelle Deiner Versorgung mit allem, was Du brauchst, um ein in jeder Hinsicht reiches und erfülltes Leben zu führen. Sobald Du die tieferen Zusammenhänge verstehst, wirst Du Dich nicht mehr länger dem Ego beugen, denn der Schlüssel zu Deiner Versorgung und zur Fülle des Lebens liegt in Deinem GÖTTLICHEN SELBST! Denn das Göttliche Selbst ist Überfluss und Fülle, DU BIST ES JETZT, in diesem Augenblick.

MEIN SEIN IST MEIN UNTERHALT.
MEIN SEIN IST MEINE VERSORGUNG.

Das Geheimnis dieser allmächtigen Behauptung:
MEIN SEIN IST MEIN UNTERHALT ist die Wiederbeanspruchung unserer Quelle der Macht, die wir an alles und jedes fort gegeben haben.
<u>Denke aber stets daran:</u> Geben und Nehmen ist das Prinzip, der Pulsschlag des gesamten Universums also. Wir kennen auch den Ausspruch "GEBEN ist seliger als NEHMEN"! Und jeder von uns hat Einnahmen und Ausgaben. Lass Dir doch einmal das Wort Ausgaben auf der Zunge zergehen, denn in den Ausgaben sind auch Deine GABEN enthalten. Wie gibst Du also? Mit Freude, Liebe und Begeisterung, oder mit Furcht und Zurückhaltung? Die Art und Weise also wie Du gibst, ist ursächlich dafür wie Du empfängst. Alles im Leben ist Energieaustausch, und die Energie des Geldes, sprich, wie Du mit Deinen "LIEBESGABEN" umgehst, zeigt nur an, wie erfolgreich Du im Geldspiel letztendlich bist! Wir

kennen bereits das Gesetz der Entsprechung: Wie innen, so außen, wie im Kleinsten, so im Größten, wie oben im Himmel, sprich in meinem Bewusstsein, so unten auf der Erde, meine Lebensverhältnisse, die eine Welt entspricht der anderen und umgekehrt. Das gilt auch für den dynamischen Austausch der Geldenergie! Solange es Dir nicht gelingt, Deine inneren Energien zum Fließen zu bekommen, wenn Du also eine Blockade, einen inneren Stau hast in Deinem Energiefluss, dann wird sich das auch im Außen im Geldfluss wieder spiegeln. Sobald es jedoch in Dir wieder stimmt, Du lebst also wieder stimmig, im gleichen Moment stimmt es auch im Außen – um Dich herum! Umgekehrt, in dem Maße wie Du verstimmt bist, müssen im Außen Schwierigkeiten in Erscheinung treten. Stimm doch wieder! Leicht gesagt, ist jedoch in der Praxis nicht immer einfach. Denke aber bei Wohlstand nicht nur an das liebe Geld! Wohlstand heißt vielmehr, dass ALLES in Deinem Leben zum WOHLE STEHT! Deine Gesundheit und Vitalität, Deine Art von Beziehungen zu Deinen Mitmenschen, Deine Partnerschaft, Dein spirituelles Wachstum, Erfüllung im Beruf, Dein finanzielles Wohlergehen, Sport und Hobbys, Dein behagliches Heim, soziale Kontakte und Dein persönliches Glück! Du lebst also dann im wahren Wohlstand, wenn Dir Dein Leben in allen Bereichen gelingt!

<u>Hier gleich einige Bejahungen zur Fülle:</u>
Das Licht in mir bringt jetzt und jederzeit Erfüllung in mein Leben. Ich erlaube mir jetzt, noch mehr zu haben, als ich mir je erträumte. Ich verdiene Fülle und Wohlstand. Ich erschaffe jetzt kreativen Reichtum zum Wohle meiner Mitmenschen. Viel Geld fließt mir leicht und mühelos zu. Ich liebe Geld. Es steht mir zu, in Reichtum und Fülle zu leben. Ich verdiene es, wohlhabend zu sein. Danke, so ist es!

Der Umgang mit dem lieben Geld

Doch so ist das Leben nicht gemeint,

wir sind doch alle durch das Band

der Liebe miteinander vereint.

Mit Geld bekommst Du in der Welt

die besten Plätze,

vergiss aber nie, in Deinen

Gedanken liegen die größten Schätze.

Wie man Wohlstandsbewusstsein entwickelt

Wohlstand ist ein Geisteszustand. Du bist reich, wenn Du reich denkst. Du kannst aber den ganzen Tag denken, ich bin reich, gesund und glücklich. Wenn Du Dich gleichzeitig arm wie eine Kirchenmaus fühlst, wird sich von zwei Gedanken immer nur der Gefühlsbetontere verwirklichen. Sei doch einmal dankbar für alles, was Du bist und was Du hast! Die Fülle ist lustvoll, und mag keine finsteren, ungastlichen Denker. Sie fließt nicht in das Leben, wo einer voller Zweifel steckt, denn normalerweise findet man dort nur zweifelhafte Resultate. Verschwende also nicht länger Deine wertvolle Energie durch Sorgen, Ängste oder durch eine negative Geistes- und Gefühlshaltung. Lebe in der inneren Gewissheit, dass in Deinem Leben alles zum Besten geschieht. Vertraue darauf!

**Ich treffe jetzt die Wahl, ein Leben in Fülle und Wohlstand zu leben.
Ich lebe in verschwenderischer Fülle!
Ich bin ein geistiger und seelischer Magnet für Wohlstand und Überfluss!
Ich ziehe heute immer mehr Glück und Segnungen in mein Dasein, denn ICH BIN FREI!
ICH BIN FREI!
ICH BIN EWIG FINANZIELL FREI!
ICH BIN jetzt eingebettet in
GOTTES GRENZENLOSER VERSORGUNG
und habe ALLES,
was ich mir von Herzen wünsche!**

Der Umgang mit dem lieben Geld

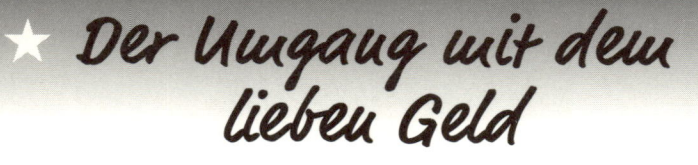

Ja, es stimmt, man braucht

Geld zum Leben,

mit Wohlstandsbewusstsein

und der richtigen Einstellung

liegst Du niemals daneben.

Blick nicht zurück

auf die vergangenen Jahre,

schau nach innen, denn ein

dankbares Herz ist Gott sehr nahe.

Bewusstsein ist eine Wirklichkeit, die Du lenken kannst.

> **Denke so, als würde jeder Deiner Gedanken
> mit dem Feuer der Begeisterung
> in den Himmel gebrannt,
> dann hast Du zugleich den Zauberstab
> hinter dem Schein erkannt!
> Erlebe immer öfters auch einen geistigen Erguss,
> lass Dein Mangeldenken für immer los,
> denn damit ist jetzt Schluss!
> Es ist von allem mehr als genug da,
> wähle also förderliche Gedanken,
> und sage voller Faszination,
> zu Deiner blühenden Zukunft - JA!**

Kein Mensch wird mit Wohlstandsbewusstsein geboren. Du bekommst es auch von niemandem geschenkt. Vielmehr ist es ein Geisteszustand, der darauf ausgerichtet ist, Wohlstand und Überfluss überall zu erwarten und zu sehen. Das Gegenteil von Wohlstandsbewusstsein ist "Knappheitsbewusstsein" und dieses ist sehr vielen Menschen vertraut. Wo man auch hinkommt, man stößt immer wieder auf Mangel, Einschränkungen und Sparmaßnahmen, es sei denn, wir richten uns geistig anders aus, und betreten einen neuen Weg. Derjenige, der auf der geistigen Straße der Armut und des Mangels wandert, wird gemäß seiner Geisteshaltung, auch Einschränkungen und zweifelhafte Resultate erleben. Umgekehrt, sobald Du Dich wieder auf der geistigen Straße von Wohlstand und Überfluss bewegst, kann Dir Dein Chancendenken und Dein Wohlstandsbewusstsein alles bescheren, was Du für den vollen Ausdruck benötigst. Du kannst nicht die eine Art von Bewusstsein haben, und eine ganz andere Art von Lebensumständen antreffen. Das wäre wider den Gesetz! Du kannst nicht gleichzeitig beide Wege gehen, denn der Weg zu Reichtum, und der Weg zu Armut führen in entgegengesetzte Richtungen. Der erste Schritt um Wohlstandsbewusstsein zu entwickeln, besteht jetzt darin, mit den vier Wohlstandsüberzeugungen zu arbeiten. Pflanze sie ganz tief in Dein Unterbewusstsein ein, denn Deine innersten Überzeugungen erschaffen Deine neue Wirklichkeit! Sei beharrlich und konsequent! Anfangs können innere Zweifel und Unsicherheiten auftauchen, Du wirst Dich aber durch ständige Wiederholungen in den nötigen Glauben hineinsprechen. Dann wird die Macht der Gewohnheit automatisch für Dich wirken, und Du bist gesegnet mit der göttlichen Kraft der Transformation.

<u>1.Wohlstandsüberzeugung:</u> *Das Universum hat alles im Überfluss, ich lebe in einem Universum der freien Wahl!*

<u>2.Wohlstandsüberzeugung:</u> *Mein Leben macht Spaß und Freude, Großzügigkeit und Überfluss sind ansteckend!*

<u>3.Wohlstandsüberzeugung:</u> *Es gibt für mich sagenhaft viele Möglichkeiten in jedem Bereich meines Lebens, ich fühle meine Träume wahr werden.*

<u>4.Wohlstandsüberzeugung:</u> *Viel Geld zu haben ist gut. Es gehört zu meiner Verantwortung, erfolgreich zu sein, Geld macht glücklich und hebt mein Selbstwertgefühl!*

Dein Erfolg hilft vielen Menschen, und Dein Versagen...?

Dein persönliches "Glückstraining"

4. Schritt: Spiele endlich die Hauptrolle in Deinem Leben

Ich habe mir schon oft vorgestellt, die Welt sei ein Theater – eine riesengroße Bühne, und auf dieser Weltbühne spielen ca. 6 Milliarden Menschen eine Rolle. Viele Frauen sind da geschminkt, andere sind wieder vom Leben gezeichnet, wieder andere tragen wunderschöne Kostüme, sprich Kleider, während viele Menschen halb nackt herumlaufen. Jeder von uns spielt doch eine ganz bestimmte Rolle, denke nur an die vielen verschiedenen Berufe und Arbeitsbereiche. Dann die vielen Proben in Form von Schulen, Universitäten und Ausbildungsstätten, jeder einzelne übt schon einmal für die Hauptrolle, die er im späteren Leben einmal spielen darf. Dennoch vergibt das Leben nicht nur Hauptrollen, sondern wesentlich mehr Nebenrollen. Diese traurige Tatsache führt oft dazu, dass die meisten Menschen nach dem Drehbuch anderer leben, ja leben müssen, und deshalb auch nicht richtig glücklich sein können. Ich kann mich noch sehr gut erinnern, als ich während meiner Ausbildungszeit zum Persönlichkeitstrainer gerade im Zug saß, ein Praxiswochenende in Bremen lag hinter mir, und ich befand mich auf der Stecke zwischen Hannover und München. Ich ließ gerade die wichtigsten Inhalte vom Wochenende mir noch einmal durch den Kopf gehen, während die Landschaft im Eiltempo vor mir vorbeiwischte. Plötzlich hatte ich folgenden Gedankengang! Ich dachte, es ist doch interessant, bis jetzt habe ich in meinem Leben immer nur die Nebenrolle gespielt. Der ungeliebte, erlernte Beruf als Fernsehtechniker, er war die Hölle auf Erden für mich, dann die vielen Jahre im Verkauf, tätig als Außendienstmitarbeiter in der

Versicherungs- und Schallplattenbranche, bis hin zu den vielen Nebenjobs, die mir allesamt keine Erfüllung boten. Viele Gedanken gingen mir durch den Kopf, und rückblickend spielte ich in meinem bisherigen Leben immer nur Nebenrollen. Und dann kam der sonderbare Gedanke in mir hoch: "Heinz, warum spielst Du nicht jetzt einmal die Hauptrolle in Deinem Leben?" Ja, genau, wenn das Leben wirklich ein Spiel ist, dann kannst Du doch einmal Deine Lieblingsrolle spielen! Warum denn nicht? Ein neuer Lebensabschnitt stand bevor, und nachdem ich tief in meinem Herzen spürte, mein Traumberuf als Persönlichkeitstrainer entspricht auch meiner Lebensbestimmung, dann doch gleich die Hauptrolle bitte! Natürlich ist die Hauptrolle auch oft mit einer höheren Verantwortung verbunden. Prüfsteine gab und gibt es genug auf meinem Weg. Dennoch die Hauptrolle ist dafür spannender, interessanter und vor allem erfüllender! Hauptrolle spielen bedeutet, der Autor und Starschauspieler des eigenen Lebens zu sein: Du definierst die Rolle, Du füllst die Rolle nach besten Wissen und Gewissen aus. Sei doch, während Du diese Hauptrolle spielst, von Dir selbst begeistert. Lebe also so, dass Du Dir Deinen uneingeschränkten Applaus verdienen kannst! Viele Menschen verhalten sich dem Leben gegenüber so, als befänden sie sich mitten in einem Billardspiel. Du kennst dieses Spiel, bei dem Kugeln mit Hilfe eines Stabes auf stoffbezogenem Tisch gestoßen werden. Machen wir einen Vergleich, genau wie beim Billardspiel versucht jetzt der Spieler eine bestimmte Kugel in das Loch zu stoßen. Nehmen wir an, die gelbe Kugel in die rechte Ecke. Gezielt mit aller Willensanstrengung versucht er jetzt die gelbe Kugel ins gewünschte Loch zu schießen. Allzu oft versuchen wir im Leben mit viel Kraft und Energie etwas zu erreichen, haben wir das Ziel erreicht, sprich die gelbe

Kugel ist im Loch, dann gefällt es uns hinterher doch nicht. Mit diesen Bedingungen sind wir auch nicht einverstanden, also unglücklich. Dann fischen wir die Kugel wieder heraus, und setzen erneut zum Stoß an, diesmal vielleicht die blaue Kugel. Nachdem sie im gewünschten Loch drinnen ist, sind wir hinterher wieder enttäuscht, so gefällt uns das erst recht nicht. Und so manipulieren wir im Außen, ein Fehlschlag nach dem anderen. Doch so leicht geben wir nicht auf, wir kämpfen förmlich, und jetzt noch ein Versuch, die rote Kugel, aber dieses mal in ein anderes Loch. "Pech", erneut Misserfolg! So in dieser Beziehung oder mit diesen Verhältnissen geben wir uns nicht zufrieden, nein, in Wirklichkeit haben wir uns das Ganze doch anders vorgestellt. Und wir setzen zum nächsten Schlag an, diesmal die grüne Kugel, das wäre doch gelacht, wenn wir das nicht schaffen, und so strampeln wir uns wieder und wieder ab. Genauso ging es mir mit all den Nebenrollen, den unzähligen Enttäuschungen in meinem Leben und den Nebenjobs, keine Kugel, egal welcher Farbe und in welches Loch ich traf, das erwünschte Ziel blieb unerreicht. Jeder muss seine eigene Wüste durchwandern, bevor er in das gelobte Land kommt. So war es auch in meinem Leben, bis ich mich endlich für die Hauptrolle, ja, für meine Lieblingsrolle entschied! Von da an ging es aufwärts.

> **Spiele auch Du endlich die Hauptrolle in Deinem Leben!**
> **Gehe also DEINEN WEG –**
> **denn der WEG IST DAS ZIEL!**
> **Was mich tief im Herzen erfreut, macht mich glücklich und reich. Ich bekomme gutes Geld für Arbeit, die ich gern tue.**

Dein persönliches "Glückstraining"

5. Schritt: Mehr Zeit für das Wesentliche, die "Zielsetzungsmethode" wirkt!

Zeit ist das wertvollste Gut, das wir besitzen, übrigens auch das meistbenutzte Hauptwort der deutschen Sprache. Ist Zeit mehr wert als Geld? Wie oft hört man den Spruch: Zeit ist Geld! Überlege Dir einmal, wie gehst Du mit diesen beiden Energieformen Zeit und Geld um? Wenn Du Geld verlierst, kannst Du es Dir wieder erarbeiten, Zeit die allerdings verstrichen ist, ist womöglich für immer weg. Deshalb bekommen Großmütter noch eine zweite Chance. Viele Mütter nehmen sich zu wenig Zeit für ihre Kinder. Vielleicht klappt es dann beim zweiten Anlauf mit den Enkelkindern besser. Wie dem auch sei, überlege Dir einmal, was gehört noch in Dein Leben? Was zählst Du also zum Wesentlichen? Loslassen, was nicht glücklich macht. Was gehört nicht mehr zu Dir? Wovon möchtest Du Dich in Deinem Leben trennen? Ballast abwerfen! Frage Dich auch, womit verschwendest Du Deine kostbare Zeit, womöglich mit nicht erfolgsausgerichteten Tätigkeiten wie Fernsehen, negative Gespräche mit Nachbarn und Arbeitskollegen, das Lesen von Zeitschriften? Oder verwende ich meine kostbare Zeit für das Wesentliche? Aber was gehört zum Wesentlichen? Stell Dir nur vor, Du würdest in Deinem Leben augenblicklich alles Unwesentliche loslassen, dann müsstest Du fast alles in Deinem Leben loslassen. Ich genau so. Mit dieser Übung sind wir sicherlich überfordert. Dennoch mache Dir einmal Gedanken darüber, wie kannst Du Dein Zeitkapital sorgfältig anlegen. Obwohl Zeit ein knappes Gut ist, gehen wir nicht gerade sparsam damit um. Die meiste Energie und Zeit verpufft sinnlos, weil klare Ziele, Planung, Prioritäten und Übersicht fehlen. Egal ob sie schnell oder langsam vergeht, wir können die Zeit nicht anhalten, können sie nicht horten. Aber wir können sie sinnvoll verbringen, statt sie zu vergeuden. Unsere wichtigste Aufgabe im Lebensspiel ist es, so viel wie möglich aus der uns zur Verfügung stehenden Zeit zu machen. Das bedeutet aber keinesfalls, noch mehr Aktivitäten in unsere Tage, Stunden und Minuten hineinzupacken, sondern unsere kostbare Lebenszeit intensiver und bewusster für das zu nutzen, was uns wichtig und wertvoll ist, für die schönen Dinge des Lebens, für Genuss und Muße, für harmonische Beziehungen, sowie für Visionen und Erfolg. Wie oft sage ich bei den Seminaren: WENIGER ist MEHR! Weniger Quantität und dafür mehr Qualität! Welche Zeitqualität bestimmt also Dein Leben? Wie ist das Verhältnis zwischen Arbeit und Freizeit?

> **Zeit ist ein wertvolles Kapital.**
> **deshalb ist mir der Umgang mit ihr nicht egal.**
> **Zeit ist ein absolut knappes Gut,**
> **verschwende sie nicht sinnlos durch**
> **Ärger, Angst und Wut.**
> **Zeit kann nicht gespart oder gelagert werden,**
> **genieße sie stündlich,**
> **solange Du lebst auf Erden.**
> **Im Urlaub etwa vergehen**
> **zwei Wochen wie im Flug,**
> **erfülle dennoch jeden Augenblick**
> **mit Liebe und Wertschätzung,**
> **dann erhältst Du von allem genug!**
> **Die Kunst glücklich zu sein und Zeit zu haben**
> **zählen für immer zu Deinen schönsten Gaben!**

Meine Empfehlung also lautet nicht, noch mehr hineinzupacken, und noch einen Nebenjob mehr anzunehmen, und diese und jene Aufgabe auch noch zu übernehmen, wenn Du ohnehin nicht mehr weißt, wo Dir der Kopf steht, wenn du womöglich Gefahr läufst, eine Erschöpfungsdepression zu erleiden. Nein, und nochmals nein! Ich empfehle Dir vielmehr, schau, dass Du wieder Freiräume bekommst, wieder Zeit für Dich selbst gewinnst! Jeder noch so kleine Freiraum wird Dir dazu verhelfen, dass Du wieder Luft zum Atmen bekommst, dass Du wieder zu Dir selber findest. Nimm Dir wieder Zeit für Deine Seele! Und sobald Du Dich wieder ernst und wichtig nimmst, also Dir wieder die nötige Aufmerksamkeit schenkst, bekommst Du auch von oben und von allen Seiten Unterstützung. Das ganze Universum steht auf Zehenspitzen und beobachtet Dich! Jeder noch so kleine Teilerfolg wird Dich unterstützen, stärken und befreien. Du gewinnst an Mut, Zuversicht und Lebendigkeit, und Du fühlst Dich befreit und erleichtert. Stelle Dein geistig/seelisches Wohlbefinden an die erste Stelle und Du bekommst wieder Aufwind! Es kommt also auf die Ausgewogenheit an!

**Ich gebe Dir mit der nun folgenden
ZIELSETZUNGSMETHODE
einen wundervollen Baustein an die Hand, um Dein
Leben glücklich und erfolgreich zu gestalten!**

Bei dieser Methode geht es nicht um mittelfristige oder langfristige Ziele, nein, es geht um die TAGESZIELE! Es geht bei dieser Zielsetzungsmethode nicht darum, Ziele nur anzustreben, nein, es geht vielmehr darum, sie auch tatsächlich zu erreichen. Führe diese wichtige und wertvolle

Übung täglich durch, mindestens für die nächsten 3 bis 4 Wochen, ohne Unterbrechung, und Du hast für Dein Glück und für Deinen Erfolg mehr getan, als die letzten drei Jahre zusammen!

<u>Sie besteht genau aus 7 Schritten – der erste und der zweite Schritt bleiben täglich gleich.</u>

<u>1. Schritt:</u>
Der wichtigste Termin vom ganzen Tag ist der mit Dir selbst, also Dein eigener Termin. Du bist die wichtigste Person in Deinem Leben, nimm Dir also mindestens 1 Stunde für Dich Zeit, und diese Stunde gehört nur Dir allein. Da tust Du genau das, was Deiner Seele, Deinem Körper und Deinem Geist gut tut! Genieße sie einfach!

<u>2. Schritt:</u>
Der zweite Schritt bleibt auch täglich gleich! Er lautet: <u>FESTLEGUNG der weiteren 5 Tagesziele:</u> Wenn Du also ein Morgenmensch bist, Du stehst schon frühzeitig auf, dann machst Du bereits in der Früh diese Übung für den heutigen Tag! Wenn Du allerdings kein Frühaufsteher bist, und Deine Zeit ist am Morgen ohnehin knapp, dann machst Du die Festlegung der weiteren 5 Tagesziele am Vorabend. Also jeden Abend, die Festlegung der weiteren 5 Tagesziele für den nächsten Tag! Verständlich? Entscheidend ist nur, jeden Tag vollziehst Du diesen Schritt zur selben Zeit – morgens oder abends! Bleibe konsequent!

<u>Bei den weiteren 5 Schritten gehst Du folgendermaßen vor:</u> Jetzt geht es darum, dass Du all die unerledigten Sachen, sprich die Dinge, Erledigungen und Aufgaben, die Du normalerweise vor Dir her schiebst, auch tatsächlich angehst und erledigst, sprich in diese Zielsetzungsmethode

einfließen lässt. Zum Beispiel, endlich den Kofferraum im Auto aufräumen, dem Andreas einen Brief schreiben, oder wir wollten doch schon so lange in unserem Freundeskreis eine Grillparty machen, jetzt setze ich den 1. Schritt. Ich rufe alle meine Freude an, und lege den Termin gleich fest! Natürlich kann es genauso gut um angenehme, erfreuliche Dinge, Termine und Unternehmungen gehen! Wie zum Beispiel, diese Woche ist der chinesische Zirkus in unserer Stadt, da möchte ich mit den Kindern unbedingt auch gehen, oder ich wollte doch schon so lange meine Gattin wieder einmal ins Theater einladen, oder bedingt durch meine Rückenschmerzen, möchte ich wieder einmal in das Thermalbad gehen, durch die heißen Sprudeln wird alles aufgelockert, das würde meinem Körper gut tun.

So, der erste und der zweite Schritt bleiben jeden Tag gleich! Jetzt ergänzt Du durch die weiteren Dinge, Termine, Aufgaben, Erledigungen und Unternehmungen, die ja ständig anstehen, auf maximal 7 Tageszielen. Nicht mehr, aber auch nicht weniger. <u>Beispiel:</u>
1. Schritt: Dein persönlicher Termin mit Dir selbst!
2. Schritt: Festlegung der weiteren 5 Tagesziele
3. Schritt: Kofferraum im Auto aufräumen – heute ca. 11.OO Uhr
4. Schritt: Andreas einen Brief schreiben – heute gleich nach dem Mittagessen
5. Schritt: Grillparty im Freundeskreis organisieren – heute ab 19.OO Uhr alle Freunde anrufen – zwecks Termin
6. Schritt: Mit den Kindern in den Zirkus gehen – Morgen – die Nachmittagsvorstellung um 15.3O Uhr – "Terminplaner?"
7. Schritt: am Sonntag, ab 14.OO Uhr in das Thermalbad nach Vigaun gehen

Es kann natürlich, aus welchen Gründen auch immer, etwas Unvorhergesehenes eintreten, wie ein überraschender Besuch, dann ist das nicht weiters schlimm. Angenommen Du hast Dein 5. Tagesziel bereits erledigt, es klingelt an der Tür, und unerwarteter Besuch stellt sich ein. Es ist schon Abend, und bedingt durch Deinen Besuch kommst Du nicht mehr zum 6. und 7. Tagesziel. Du arbeitest ja täglich mit dieser Methode, Ziel 1 und 2 bleiben wieder gleich, dann nimmst Du das 6. Ziel vom Vortag, und setzt es an die 3. Stelle, das 7. Ziel vom Vortag rückst Du an die 4. Stelle und ergänzt wieder bis maximal 7 Tageszielen. So arbeitest Du Tag für Tag mit dieser Methode und, Du wirst überrascht sein, wie viele Energien da freigesetzt werden. Du bekommst mehr Power, Elan und Lebensfreude, sobald Du mit dieser Zielsetzungsmethode regelmäßig arbeitest! Und vor allem kannst Du für Dein Glück und für Deinen Erfolg wirklich nicht mehr tun. Du brauchst es mir auch nicht zu glauben, gib Dir einfach die Chance, um es selbst herauszufinden, wie sie wirkt! Und nun viel ERFOLG damit und GUTES GELINGEN!

Ich träume davon...

Träume sind Visionen, sind der offene Himmel, an dem Milliarden Sterne glitzern. Irgendwann erreichst Du den Punkt, an dem Du Dir die Frage stellst, ich will ENDLICH LEBEN! Hallo, Freund lass doch Deine Wünsche endlich wahr werden! Wenn Du an Deine Träume glaubst, und wirklich bereit bist, alles dafür zu tun, füllst Du sie mehr und mehr mit positiver Energie, die nach dem Resonanzgesetz noch mehr Energie anzieht. Stell Dir den gewünschten Endzustand so präzise und ausführlich wie irgendwie möglich vor. Konzentriere Dich nicht nur auf Deinen Traum, sondern stärke die Zuversicht und das Vertrauen in

Ich träume davon...

Ich träume davon, die Wochen,
die Monate und Jahre
würden nicht so schnell vergehen,
anstatt könnte ich den heutigen Tag,
das Hier und Jetzt viel besser verstehen.

Ich träume davon, den
Augenblick voll bewusst zu genießen,
und mit dem Strom des Lebens
harmonisch zu fließen.

Ich träume davon, ich könnte die Grenze
zwischen Traum und Wirklichkeit
viel besser erkennen,
anstatt vor dem Leben,
der Realität und dem Wesentlichen,
ständig davonzurennen.

Ich träume von einer Welt,
ohne Kummer und Leid –
einer Welt voller Zufriedenheit.

Dir. Vergiss niemals, Deiner kreativen Vorstellungskraft sind keine Grenzen gesetzt! Es gibt keine Grenzen für das, was Du in Deinem Leben erreichen kannst! Übergib Dich also der Kraft, die Sterne funkeln lässt, und der Himmel wird sich öffnen, dass Sternentaler regnen. Das Leben, unser Leben ist ein Traum, ein Traum den wir mit unseren Mitmenschen, mit der gesamten Welt, aber auch mit uns selbst teilen. Viele Menschen haben es bereits verlernt zu träumen, ja sie verdrängen ihre Träume und gestehen sich insgeheim ein, das sind nur Schäume. Von Kindesbeinen an, sind uns so oft die Flügel gestutzt worden, bis wir keine mehr hatten. Bevor Du Dir Deine Träume erfüllen kannst, musst Du zunächst einmal aufwachen, Deinen Traum erkennen und ihn ausgestalten. Mut tut gut, trau Dich wieder zu träumen! Wovon träumst Du schon die ganze Zeit? Vom Eigenheim, oder von einer Traumreise, oder von einer erfüllenden Partnerschaft, oder vielleicht träumst Du von einer Erfindung, oder möchtest Du einen bestimmten Berg besteigen, vielleicht träumst Du vom Lottogewinn und von der finanziellen Unabhängigkeit, was auch immer es sein mag, Deine Träume warten darauf, von Dir in Erscheinung gerufen zu werden! Du bist ein Schöpfer! Der Sinn des Lebens besteht auch darin, seine Träume zu verwirklichen. Jeder von uns hat auch eine ganz bestimmte Lebensaufgabe. Wir können nur dann richtig glücklich sein, wenn wir diese Lebensaufgabe erkennen und auch erfüllen. Sind es nicht unsere Träume, die uns immer wieder auffordern und uns daran erinnern, unser Leben zu leben, ja, unseren individuellen Weg zu gehen? Erinnere Dich wieder Deiner Träume, und gestatte Dir zunächst einmal Deinen Traum auch schriftlich festzuhalten. Erstelle Dir gleich eine Liste aller Deiner großen Lebensträume, verwende auch Dein Tagebuch! Welche Träume warten darauf, verwirklicht zu werden?

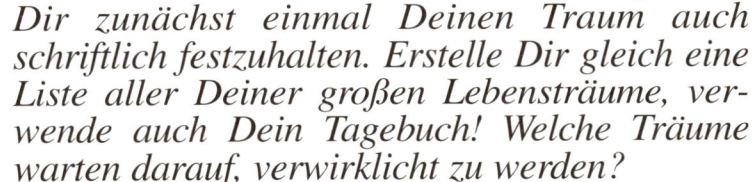

Ich träume davon...

Ich träume davon, dass Liebe
und Licht die ganze Welt regiert
und ich träume davon,
dass ein jeder glücklich wird.

Ich träume von der größten Sicherheit,
die es gibt auf Erden.
Tiefes Vertrauen in die göttliche
Schöpferkraft, lässt all meine Wünsche
Wirklichkeit werden.

Ich träume von einer Welt,
in der die Menschlichkeit siegt,
und einer Welt, wo niemand
nur sich selber sieht.

Ich träume davon,
dass Fremde endlich Freunde sind,
und es eine Zukunft gibt, für jedes Kind.

Erfülle Dir Deine Träume – sie warten darauf!

Nun, hast Du Dir auf Deiner Liste, all Deine Träume bereits aufgeschrieben? Welcher Lebenstraum ist Dein größter, den Du gleich als nächsten zu verwirklichen wünschst? Ist es nicht schockierend, wie viele Menschen sich damit abgefunden haben, weit unter ihren tatsächlichen Bedürfnissen, Fähigkeiten und Möglichkeiten zu leben? Nicht gerade deshalb, weil sie sich nicht mehr vom Leben erwarten, sondern weil sie größtenteils verlernt haben, an sich und ihr inneres Potenzial zu glauben. Unsere Wirklichkeit ist leider oft nur eine misslungene Variante unserer Träume. Erkenne doch Deine Möglichkeiten, gehe wieder in das Chancenbewusstsein, und bereichere Deine Träume durch Zuversicht, durch Deinen starken Glauben und durch Dein visionäres Denken! Du kannst doch Dein Leben nach Deinen Wünschen und Vorstellungen formen und gestalten! Du bist ein Schöpfer, und GEBEN und NEHMEN verbinden Dich mit dem ewigen Strom des Lebens. Du hast in jedem Moment die Wahl zu erschaffen, was immer Dir am Herzen liegt! Das einzige, was Du dazu noch benötigst, ist ein Gewinnerbewusstsein und die innere Gewissheit, dass es geschieht. Es steht Dir doch das ALLERBESTE zu, oder bezweifelst Du das? Zweifel ist der mächtigste Feind des Wünschens. Wann immer Du zweifelst, machst Du zwei daraus, zwischen dem was Du bist, Teil der allerhöchsten Kraft, und dem, was Du Dir wünschst. Immer wieder gehen wir unseren Ängsten und Zweifeln auf den Leim. Fühle doch wieder, wie Deine Träume wahr werden. Spüre in Deinem Herzen, wie das Feuer der Begeisterung in Dir lodert! Und gib niemals auf, denn aufgeben tut man höchstens einen Brief! Werde wieder ein Träumer, denn die Zukunft gehört jenen Menschen, die an die Schönheit ihrer Träume wieder glauben. Denke daran: Wenn Du keinen großen Traum hast, bist Du tot. Träume sind also der Brennstoff des Wünschens. Frage: Was haben Träume mit Erfolg zu tun? Tatsächlich sind Träume eines der mächtigsten Werkzeuge für den Erfolg, die man haben kann. Meine Botschaft lautet: WÜNSCHEN – WAGEN – VERWIRKLICHEN, oder anders ausgedrückt:

> **"WÜNSCHE WAGEN - TRÄUME LEBEN"**
> **Ein Wunsch bekommt nur dann richtig Gestalt, und wird wirklich, wenn er zu einer Lebensentscheidung wird, und wenn man an dieser Entscheidung kräftig mitarbeitet!**

Ich meine es ernst. Ich glaube aus tiefster Seele, dass man erreichen kann, wovon man träumt. Wenn Wollen das Geheimnis zum Gewinnen ist, dann ist Träumen das Geheimnis des Wollens. Unsere Wünsche sind doch die Antriebsfeder des gesamten Universums. Machen wir uns gleich an dieser Stelle klar, wie unglaublich man beschenkt wird, indem man gibt! Die Alltagswünsche klingen doch ganz banal. Ich höre so oft in meiner Praxis, wenn über Beziehungen gesprochen wird, es wäre so schön, ein bisschen mehr Zärtlichkeit, oder ein bisschen mehr Zeit, ach das wäre schön. Doch der Alltag überrollt uns irgendwie. Wie ist es mit den banalen Wünschen also? Ach, nimm mich doch bitte in den Arm! Bleib doch noch ein bisschen bei mir! Die gehen uns oft sehr schwer über die Lippen, obwohl es das einfachste der Welt ist, diesen innersten, tiefen Wunsch: Ich möchte, dass Du bleibst, oder ich möchte jetzt von Dir umarmt werden! Was ist das? Woran liegt es? Vielleicht daran, dass wir

Ich träume davon...

Ich träume davon, es möge uns
allen im täglichen Leben gelingen,
gemäß dem einzigen Sinn der Schöpfung,
Liebe und Freude
zum Ausdruck zu bringen.

Ich träume davon, die Menschen würden
nicht länger durch Verurteilen, Zweifel,
Kritiksucht und Festhalten,
ihre kostbare Zeit so sinnlos verschenken,
sondern lieber ihre Wortenergie,
wieder in positive Bahnen lenken.

Ich träume von einer "Eltern – Kind –
Beziehung", voller Liebe,
Vertrauen und Geborgenheit,
denn all unsere Beziehungen,
in denen wir leben,
dienen nur unserer Verbundenheit.

keine Kultur der Beachtung haben. Wir haben eine Kultur des Essens, eine Kultur des Sprechens, aber keine Kultur der Beachtung. Üben, üben, und nochmals üben in kleinen Schritten. Sobald wir wieder die wunderbaren Kleinigkeiten des Lebens erstrahlen lassen, und dieses innere Glücksgefühl auch nach Außen aussenden, im gleichen Augenblick fühlen wir uns vom Leben wieder angenommen. Es geht uns gut, ja vielleicht so gut, dass wir uns den großen Träumen wieder zuwenden können. Verträume nicht Dein Leben, sondern lebe DEINE TRÄUME! Der wichtigste Punkt ist der: Die Liebe zu dem, was ich mir wünsche oder auch die Liebe zum Erfüller. Gefährlich wird es dann, wenn wir aus der Liebe herausfallen, dann kennen wir Begriffe wie Begehren, Gier oder Bemächtigung. Ein Wunsch, der ohne Liebe gegeben wird, der macht nicht satt, der macht einfach nur leer. Wir sollten also wieder zum Herzdenker werden. Denken plus Fühlen ergibt die Wunschverwirklichung! Gedankenklarheit plus Gefühlswärme – Kenntnis plus Gefühl – verlangt das Leben von uns etwa zuviel? Wir brauchen unsere Träume nur wieder im Denken und im Fühlen, also geistig in Besitz zu nehmen, sie mit unserer Herzensenergie aufladen, und darauf vertrauen, dass es geschieht! Schließe jede geistige Behandlung mit den beiden Energiequalitäten "FREUDE und DANKBARKEIT" ab! Sage einfach: Schön, dass das jetzt zu mir gehört! Ist das eine Freude, dass ich das jetzt erreicht habe, schön dass ich es habe! Danke, liebes Leben, für diesen Herzenswunsch! Danke, für die Erfüllung meines Traumes! Danke, so ist es! Benenne es mit dem Namen!!! Wie groß Dein Traum Deiner Ansicht nach auch sein mag, er ist stets tausendmal schöner, nachdem Du ihn verwirklicht hast. Wie gesagt, der Schlüssel zum Geheimnis der Wunderlampe ist das VERTRAUEN.

Hast Du also Öl auf Deiner Lampe? Oder bist Du Weltmeister im "WEGTRÄUMEN"? Was versteht man darunter? Wie oft sagen wir: Das hätte ich gerne, oder das wünsche ich mir! Dann sagt das Leben meistens darauf: Ach, das hättest Du gerne? Hast aber nicht! Und damit machst Du Dir Mangel bewusst. Deshalb hättest Du ja gerne, weil Du nicht hast. Sehnlich wünschen heißt: Das habe ich leider nicht, das hätte ich gerne und brauche es dringend. So kann es nie funktionieren, da wir aus einem Mangelbewusstsein heraus träumen, ziehen wir höchstens Albträume in unser Leben. Wir haben dann das Gefühl, dass uns etwas zu unserem Glück fehlt, deshalb hätte ich ja gerne. In diesem Fall haben wir zu wenig Öl auf unserer Lampe. Unser Wunscherfüllungsmagnet ist dann abstoßend, anstatt anziehend. Wenn ich also in einem Mangelbewusstsein lebe, dann wird auch mein Leben voller Mängel sein. Um meine Träume sicher erfüllen zu können, sollte ich wissen, was Her-Träumen im Gegensatz zu Weg-Träumen ist! "HERTRÄUMEN" kommt von "FÜLLE"! "ERFÜLLUNG" kommt also von "FÜLLE"- "Erfüllung" kann nur aus der "Fülle" kommen! Du hast also Öl auf Deiner Lampe! Um ein erfülltes Leben führen zu können, darf ich also nicht im Mangel sein, sondern in der Fülle. Denn: Nur Fülle verursacht auch Er-füllung! Ich muss also die Erfüllung bereits in mir haben, bevor ich sie erfolgreich in mein Leben ziehen kann. Bei meiner Ausbildung zum Persönlichkeitstrainer in Bremen bekamen wir alle eine Dreieckkarte mit Zauberer und Zauberstab drauf, da befand sich folgender Spruch:

> **Das ganze Universum zeigt uns täglich, dass wir überhaupt nichts brauchen, außer das, was wir bereits besitzen!**

Ich träume davon...

Ich träume davon, dass die Liebe in der
Welt Dich und mich finden kann,
darum zünde bitte im Fenster
Deines Herzens Kerzen an.

Ich träume davon...
Millionen von Träumen fliegen himmel-
wärts
drum gib Deine Träumerei niemals auf,
denn nur dieses starke Gefühl
geht von Herz zu Herz.

Ich träume davon, Engel erinnern uns an
unseren göttlichen Anteil und daran,
dass auch wir Lichtwesen sind,
denn jedes einzelne Wesen hier auf
Erden, ist ein geliebtes Gotteskind.

> **Wir bekommen also vom Leben nur das, was wir bereits innerlich schon besitzen**

Vielleicht erinnerst Du Dich noch an den Vers aus dem Markus-Evangelium: "Bittet, um was ihr wollt, glaubt nur, dass ihr es erhalten habt, und es wird euch werden". Das ist also der Preis, den wir entrichten müssen! Wir können vom Leben alles haben, egal was und wie viel, wir müssen es nur glauben können, das ist der Preis, sprich unser Öl in der Lampe. Wir nehmen es schon geistig in Besitz, und sind fest davon überzeugt, dass es bereits geschehen ist! Jetzt ist es nur mehr eine Frage der Zeit, bis sich unser Traum im Außen manifestiert hat. Geistig haben wir es bereits. Das ist "HERTRÄUMEN"! Ich lebe in der Gewissheit der Erfüllung. Ich bin am Ziel. Ich versetze mich einfach in Resonanz bekommen zu haben und das Leben muss es mir geben! Bitte nicht vergessen, das Ganze wieder mit FREUDE und DANKBARKEIT abzuschließen. Du brauchst jetzt nicht ständig daran denken, aber wenn Du daran denkst, dann nicht im Wunsch, nicht in der Hoffnung oder im Zweifel, sondern in der inneren Erfolgsgewissheit, dass es bereits geschehen ist. Sage dann: Schön, dass ich es habe! Danke, dass das jetzt zu mir gehört! Danke, liebes Leben – so ist es!

Ich möchte Dir noch abschließend zu diesem Thema zeigen, wie sich in meinem Leben ein großer Wunschtraum erfüllt hat. Wie Du ja bereits weißt, gehört Polynesien zu einem meiner schönsten Lebensträume. Diese wundervollen Menschen, die traumhafte Musik, ihre Kultur, und die herrliche Südseelandschaft mit den unzähligen Stränden und Lagunen, laden zum träumen ein.. Nicht zuletzt ist Tahiti ein ewig blühender

Garten. Es blüht das ganze Jahr. Tahiti bietet mir den Stoff, aus dem meine Träume sind. Bei jeder Südseereise bleibe ich vier bis fünf Wochen aus, und ich kann mich noch gut erinnern, die vorletzte Traumreise, Tahiti – Moorea im Sommer 1999 mit dem traumhaften "Heiva-Festival" ging mitten ins Herz. Obwohl ich nach jeder Südseereise eine gute Woche benötige, um es glauben zu können, dass ich wieder zu Hause bin, zehre ich von diesen Eindrücken und Erlebnissen ein bis zwei Jahre. Dann kommt erneut der starke Wunsch in mir hoch, und Du kannst Dir sicherlich gut vorstellen, wenn man von diesem Südseebazillus befallen ist, möchte man immer und immer wieder dort hinreisen. Gesagt, getan... Das Reisefieber stieg nach einem guten Jahr schon wieder leicht an. Es ist viel besser dem Leben die Hand zu reichen, als nur dazusitzen und zu warten. Die nun folgende Technik verhalf mir zum Erfolg. Weil das Unterbewusstsein nur vollständige Bilder verwirklichen kann, müssen Glaube und Phantasie, alle positiven Selbstgespräche es in ihrer größten Stärke unterstützen. Ich ging also selber ans Werk, nahm mir eine Kassette auf, mit der wundervollen Tahitimusik und gestaltete mir meine eigene Phantasiereise. Natürlich sprach ich den Text mit den richtigen Affirmationen auf die Kassette, ich war also mein eigener Reiseführer. Da ich meine Lieblingsplätze in Französisch Polynesien bestens kannte, von meinen letzten beiden Reisen, visualisierte ich das ausführlich, lud es mit einem starken Freudegefühl auf (das geht wesentlich leichter durch die passende Tahiti-Musik), und tauchte jeweils für eine gute Stunde in meinen Wunschtraum ein. Wenn Du vom Leben Wasser möchtest, sagt das Leben zu Dir: Hast Du eine Form? Wo soll ich es hineingießen? Du musst Dich vorher entscheiden, wie viel es sein darf! Zielklarheit: Wasser und die Form: Bewusstseinsgröße. Wir müssen eine klare

Ich träume davon...

Ich träume davon, von einer geheimnis-
vollen Welt, in der uns Feen,
Elfen, Zwerge, Trolle, Seejungfrauen
und Wassernixen begegnen.
Ich träume davon, mit den Naturgeistern
und Engeln einen
himmlischen Dialog zu führen,
und dass sie uns liebevoll segnen.

Ich träume davon...

Ganz gebe ich mich der himmlischen
Musik, den Harfen und
Chören der Engel hin,
denn ein inneres Hören
und dieser kosmische Klang,
bringt uns den größten Gewinn.

Vorstellung davon haben, worin das Reiseziel besteht und wie lange diese Reise dauern sollte. Ich gab also das Reiseziel mit Tahiti deutlich an, und die Reisedauer exakt 5 Wochen! Diese herrliche Phantasiereise gab ich mir 2 – 3 Mal in der Woche, und über einen Zeitraum von ca. 1 – 2 Jahren. Aus diesen Gedanken entstand die bildhafte Vorstellung. Wobei das innere Bild die einzige Anweisung ist, die das Unterbewusstsein versteht und in die Wirklichkeit umsetzt. Ich übergab meinen Traum nach oben und vertraute darauf, dass es zum richtigen Zeitpunkt geschieht. Genau diese Geisteshaltung verlieh mir wohl fast magische Kräfte. Außerdem hatte ich durch meine stundenlangen Phantasiereisen diese Bilder mit unglaublich viel Energie gespeist.

Es war im Juni 2003, ich hielt noch mein Tagesseminar im Hotel Gmachl in Bergheim zum Thema: Glückstraining, erklärte meinen Teilnehmern, das Ziel und Inhalt eines glücklichen Lebens besteht aus einem erfüllten Leben. Wir zeichneten in die Mitte eines leeren Blattes einen Kreis, und schrieben hinein: EIN ERFÜLLTES LEBEN, dann machten wir wieder kleine Kreise herum, jeder Kreis stellt nun einen Herzenswunsch dar, und jeder für sich schrieb in die kleinen Kreise seine persönlichen Wünsche hinein. Zum Beispiel: eine harmonische Partnerschaft, ein neues Auto, meine Ausbildung zum..., Gesundheit und Vitalität, mein innerer Frieden, mein neues Monatseinkommen von..., liebevolle Beziehungen und gute Freunde, behagliches Heim, die Teilnahme am Engelseminar und so weiter. Bei mir stand unter anderem: ein neues Auto, dass ich jetzt im August 2004 bekam, und natürlich die 5-wöchige Tahiti-Reise. Jeder Kreis steht also für einen Herzenswunsch, und ist zugleich ein wesentlicher Bestandteil eines erfüllten Lebens. Am Samstag, den 14. Juni wusste ich von meinem

Glück noch gar nichts. Nur wenige Tage danach öffnete sich für mich eine Himmelstür. Es bot sich für mich die Gelegenheit nach Tahiti zu reisen. Meine Freundin und ich überlegten noch, ob wir tatsächlich 5 Wochen ausbleiben wollen, da auf Tahiti die Nebenkosten sehr hoch sind. Es ist alles eine Preisfrage! Als ich dann in das Reisebüro ging, um meine 4. Südseereise zu buchen, waren fast alle Flugplätze ausgebucht für den gewünschten Zeitraum im Juli. Wir entschieden uns ganz rasch, und der Hinflug war nicht das Problem, wir bekamen den gewünschten Abflug am 8. Juli, dennoch der früheste Rückflugtermin war der 10. August. Ich sah am Kalender nach, und erschrak fast ein wenig, das sind ja exakt die 5 Wochen, die ich zuvor fast zwei Jahre lang visualisierte! Meine Bestellung beim Universum ging also auf! Nicht mehr, nicht weniger – ich bekam genau das, was ich bestellte. Erst auf Tahiti erfuhren wir den wahren Grund, warum die meisten Flüge und Hotels ausgebucht waren. Der französische Präsident Jacques Chirac beehrte ebenfalls Tahiti. Du kannst anhand dieses Beispiels deutlich erkennen, wie präzise die geistige Welt uns in unseren Träumen unterstützt. Hätte sich die ganze Buchungs- Situation, bedingt durch den Präsidentenbesuch auf Tahiti ganz anders dargestellt, höchstwahrscheinlich hätte mir der Klugscheißer-Verstand, sicherlich einen Strich durch die Rechnung gemacht. "5 Wochen – Tahiti ist zu teuer"! Die göttliche Intelligenz weiß doch genau was für uns richtig und gut ist. Übergib Deinen Herzenswunsch nach oben! Einfach wieder vertrauen, geschehen lassen, fließen lassen, sich führen lassen. Ist am Anfang die Freude dabei, dann ist sie auch am Ende Dein treuer Begleiter. Und so ging für mich wieder ein großer Wunschtraum in Erfüllung! Er gibt mir Kraft und Nahrung für die nächsten zwei bis drei Jahre. Bis dann erneut in mir das Reisefieber wieder ausbricht.

Lass Deine Ängste los – und sei ein Überwinder!

Wie sagte der Urvater des positiven Denkens DR. JOSEPH MURPHY schon vor vielen Jahren: Furcht, Aberglaube und Unwissenheit sind die drei größten Hindernisse auf unserem Weg. Die Angst zählt gleich, wie die unzähligen Terroranschläge rund um den Globus, zur größten Geisel der Menschheit. Und was wollen diese dunklen Mächte letztendlich bewirken? Nichts anderes, als die Menschen weltweit in Angst und Schrecken zu versetzen. Das Böse zerstört sich letztendlich wieder selbst. So manch einer hat sich schon gefragt: Wie viel Leid und Elend braucht die Menschheit noch, um daraus zu lernen. Jeder Nächstenhass ist Selbsthass. Gewalt erzeugt immer noch mehr Gewalt. Wer Wind sät, wird Sturm ernten. Die Energie folgt der Aufmerksamkeit. Deshalb lautet meine Botschaft: Lass Frieden auf Erden sein, und lass ihn in meinem Gemüt beginnen. Das Gegenteil von der Angst ist Liebe! Oder umgekehrt: Das große Gegenteil von der Liebe ist Angst, Vertrauensdefizit und die Gleichgültigkeit uns gegenüber nahe stehender Personen. Halten wir gleich zu Beginn fest: Jede Angst, wirklich eine jede ist eine Begrenzung. Und wenn wir uns den ganzen Tag den Ängsten und Sorgen hingeben, dann sei es so, als schlagen wir eine Stahltür hinter uns zu, und nichts Gutes kann dann mehr in unser Leben treten. Das Wort Angst kommt aus dem Lateinischen - angustus, und bedeutet die Enge. Angst setzt also immer ein enges Bewusstsein voraus. Das heißt, wir sind eng in unserem Bewusstsein, und die Liebe kann nicht mehr ungehindert in uns fließen. Das Schlimme dabei ist, Menschen die Angst haben, sind manipulierbar, lenkbar und kontrollierbar. Angst führt also immer auch zu einer

Bewusstseinsverengung, das Gegenteil, die Liebe führt immer zu einer Bewusstseinserweiterung. Angst ist also eine niedrige, dumpfe Schwingung. Das ist auch der Grund, warum Angst die niedrigste Ebene in der Schwingungsskala hat. Warum? Weil es keine Emotion gibt, die Dich stärker gefangen hält, zusammenzieht und verkrampft. Jeder Krampf ist Kampf! Zu dieser niedrigen Schwingung Angst, gesellen sich sehr oft die Ablehnung und die Gleichgültigkeit hinzu. Erst auf der Ebene der Akzeptanz befindest Du Dich im grünen Bereich, Du bist dann in einer positiven Grundstimmung und gibst auch Dein inneres OK zu den Herausforderungen, die Dir Deine Lebensschule beschert. Die nächst höhere Ebene ist Faszination. Bist Du von Dir, von Deinem Leben fasziniert? Wofür kannst Du Dich begeistern? Begeisterung heißt ja, den Geist be-geistern, ihn be-leben! Beigeisterung ist also eine besondere Ausdrucksform der Lebensfreude. Beigeisterung und Faszination gehören zusammen, wie Zwillingsschwestern. Die meisten Menschen erleben diese Schwingungsebene nur dann, wenn sie sich den Urlaubsfreuden hingeben, eine Gehaltserhöhung bekommen, eine Beförderung erhalten oder eine faszinierende Persönlichkeit antreffen, dessen Ausstrahlung uns begeistert. Die höchstmögliche Schwingungsebene, die wir erreichen können ist die Liebe, sie zieht immer auch entsprechend liebevolle und angenehme Ereignisse in unsere Erlebniswelt. Mit dem Thema Liebe haben wir uns im zweiten Kapitel dieses Buches bereits ausführlich beschäftigt. Sie zählt sicherlich zu den schönsten und beglückendsten Erfahrungen in unserem Leben. Schauen wir einander tief in die Augen, und entdecken wir das Göttliche, ja unseren Spiegel. Erkenne die Weisheit, Schönheit und Heiligkeit im anderen. Liebe besänftigt, nährt und heilt den Empfangenden wie den Gebenden. Werde auch Du für Deinen Nächsten *zur Heilungschance, und lasse Deine Ängste los! Sie sind schlechte Ratgeber! Wenn wir ständig auf unsere Ängste hören, werden wir unser Leben nie voll ausschöpfen können. Die meisten Ängste sind nur Gespenster in unserer Vorstellungswelt. Sie sind also hausgemacht! Entweder Du tötest Deine Angst, oder die Angst tötet Dich! Sind wir einmal ganz ehrlich, wir können alle nicht verhindern, dass Millionen von Sorgenvögel über unsere Köpfe kreisen, ich kann aber sehr wohl dafür sorgen, dass ich es ihnen nicht gestatte, dass sie in meinem Kopf Nester bauen. Die Inder haben auch einen schönen Spruch: Neige Dich zum Gefallenen, aber lege Dich nicht dazu! Mit dem Negativen, Leidvollen beschäftigen wir uns nur so lange, wie unbedingt nötig, dann wenden wir uns dem POSITIVEN, dem ANGE-NEHMEN, wieder zu! Eines mag die Angst absolut nicht, wenn Du ihr ins Gesicht schaust. Dann nämlich geht sie da hin, wo sie herkommt, sie löst sich im Nichts wieder auf. Die entscheidende Frage lautet also: Was kann mir im schlimmsten Fall passieren, wenn genau das eintritt, wovor ich Angst habe? Damit schaust Du der Angst mitten ins Gesicht, und mit ein wenig Übung wirst Du erfolgreich feststellen, dass sie sich immer öfter auflöst. Dir kann nichts passieren! Es ist nur ein Spiel!*

Sei also wieder ein Überwinder!
Ein Künstler der Wandlung!

Ängste, Sorgen und Zweifel in Liebe, Freude und Zuversicht verwandeln – Vorstellungen des Mangels - in Glauben an Überfluss transformieren!

Angst ist das Gespenst der Vergangenheit.

Meistens fürchten wir etwas Vergangenes, oder etwas Zukünftiges, aber nur ganz selten etwas Gegenwärtiges. Prüfe das gleich an Ort und Stelle! Gibt es jetzt in diesem Augenblick irgendetwas zu befürchten? Genau in diesem Moment, während Du dieses Buch liest? Nein, jetzt ist doch Deine Welt in Ordnung! Also unterliegst Du womöglich wieder diesem alten Leiden: Grübeln über Vergangenes, oder sich Sorgen machen über Zukünftiges. Leben findet aber nur im HEUTE statt!!! Das Schreckgespenst Angst hält Dich davon ab, friedlich in der Gegenwart zu leben. Was Du meistens als Angst empfindest, ist nur eine Reaktion auf Deine Erinnerungen. Sobald diese Erinnerungen in Dir Angst hervorrufen, beeinträchtigt Vergangenes sowohl die Gegenwart als auch die Zukunft. Angst fesselt Dich dann an die Vergangenheit. Sie zerstört gegenwärtige Gesundheit und zukünftiges Glück.

Befreiung von Angst und Sorgen!
Ein ruheloser, sorgenvoller, verängstigter Geist kann Dich nicht von Angst befreien. Nur die gedankliche Ruhe bei Meditation und Gebet kann Deine Angst neutralisieren.

1. Schritt: Schau Deinen Ängsten genau jetzt einmal ins Gesicht, nimm Dein Tagebuch zur Hand, und halte all Deine Ängste schriftlich fest! Unterteile Deine Seite durch einen senkrechten Strich in zwei Hälften. In der linken Spalte trägst Du Deine Ängste ein...

2. Schritt: Und in der rechten Spalte wandelst Du Deine Ängste gleich in das POSITIVE GEGENTEIL um! Die Kunst der "Wandlung"! SEI EIN "Ü B E R W I N D E R"!

3. Schritt: Mache anschließend Deine Lieblingsmeditation - Sprich gleich DEIN MACHTWORT!

Nie mehr deprimiert – ich will endlich leben!

Wir sind immer noch mitten im "Glückstraining", und an dieser Stelle sollten wir uns einmal auch darüber Gedanken machen, was eigentlich das Gegenteil vom Glück ist. Hast Du schon einmal darüber nachgedacht? Sicherlich, wirst Du jetzt sagen, das Gegenteil vom Glück ist ganz einfach Pech! Wie oft hört man: "Wieder einmal Glück gehabt!" Oder gegenteilig:" Ich hatte eben Pech!" Ganz so einfach, wie das eben klingt ist es in Wahrheit gar nicht. Erstens hat alles mit unserer Resonanzfähigkeit zu tun, und zweitens unterteilt sich in Wirklichkeit das Gegenteil vom Glück in zwei Bereiche. Das kleine Gegenteil vom Glück ist die Langeweile. Kommt Dir das bekannt vor, wenn Dein Sohn zu Dir sagt: "Du Papa – mir ist fad, ich weiß nicht, womit ich spielen soll?" Das große Gegenteil vom Glück ist die Depression. Obwohl es in diesem Buch um Deinen Himmel geht: "Dein Himmel ist näher als Du denkst", kann es durchaus geschehen, dass Du auch einmal in die Hölle hineinfallen kannst. Die Depression ist die Hölle auf Erden, und das Glück, die Glückseligkeit, ist der Himmel auf Erden. In Deutschland ist die Depression Volkskrankheit Nummer 1 geworden, und die traurige Tatsache, dass jede Woche 5 bis 6 Millionen Deutsche eine Depression durchleiden, und sich bis zu siebentausend Menschen jährlich, durch die Depression das Leben nehmen, ist ein Beweis dafür, dass diese schreckliche Krankheit die Hölle auf Erden ist. In Österreich sind über 400.000 Menschen betroffen, und die Zahl ist steigend. Was mich persönlich schockt, dass immer mehr Kinder von dieser seelischen Störung ergriffen werden. Die Depression ist ja eine seelische

Krankheit, sie unterscheidet sich in ihrer Stärke und in ihrer Dauer. Sind wir einmal ehrlich, ein Stimmungstief hat doch jeder einmal. Die Ärzte und Fachleute sind sich aber einig, wenn ein Stimmungstief länger als 3 Wochen andauert, spricht man schon von einer Depression. Schwere Depressionen können so schlimm sein, dass der Betroffene nicht mehr in der Lage ist, seinen täglichen Aufgaben und Pflichten nachzukommen. Depressive Verstimmungen können entweder von Zeit zu Zeit auftreten oder sie halten über Monate oder sogar Jahre an. Aus meiner Sicht ist eben eine positive Lebensweise, sprich eine lebensbejahende Geistes- und Gefühlshaltung das wirkungsvollste Schutzschild gegen depressive Verstimmungen. Die Forschung hat sich mit Dankbarkeit befasst und herausgefunden, dass Dankbarkeit weniger anfällig macht für Depressionen, für Ängste, dafür emotional stärkt und den Umgang mit anderen erleichtert. Dennoch, Garantie gibt es halt keine! Von depressiven Verstimmungen sind das Denken, Fühlen, Handeln und das körperliche Befinden betroffen. Das heißt, stark depressive Menschen können nicht mehr klar denken, und schon gar nicht positiv denken, da sie ja oft nicht einmal wissen, wie sie die nächste Stunde bzw. den heutigen Tag schaffen. Depressionen sind ein wahres Volksleiden geworden, das dreimal so viele Frauen betrifft, allerdings ertränken Männer gerne ihre Depression im Schnaps. Was ist eigentlich der Auslöser, der Grund für dieses schreckliche Leiden? Ich würde aus meiner Sicht es so formulieren: "Weil wir Menschen alle mit unserem Lebensauto viel schneller unterwegs sind, als unser Schutzengel fliegt!" Liebe, Trauer, Angst. Wenn für Gefühle kein Platz mehr ist, wird die Seele krank. Deshalb leiden so viele Menschen heute an Depressionen. Die Depression hat tausend Gesichter,

und ebenso zahlreich sind ihre Auslöser. Doch haben sie alle etwas gemeinsam: Immer ist der Mensch zu stark belastet und überfordert. Die Depression entsteht vor allem dann, wenn das Ausleben von Gefühlen, von Liebe und Lob, von Ärger, Wut und Trauer verhindert wird. Stark sein müssen, keine Gefühle zeigen zu dürfen, sich immer in der Hand haben zu müssen: Das sind die neuen Wegweiser unserer Gesellschaft, die oft zwangsläufig in die Depression führen.
Es sind also unsere Gefühle, die oft zu kurz kommen. Die Beziehung leidet häufig, ja man kann sagen, sie ist krank zwischen Mann und Frau, Elternteil und Kind, Schüler und Lehrer. Wir gehen oft einer guten menschlichen Beziehung vorbei, wir gehen oft einer Eiszeit entgegen. Schenken wir doch unseren Gefühlen wieder größte Achtung. Denn Menschen, die ihre Gefühle nicht zeigen bzw. unterdrücken gehen mit einer Maskierung durch das Leben. Hört aber das Gespräch auf, hört auch die Beziehung auf! Das Gefühl wieder zulassen – es kultivieren, wir brauchen wieder gute, starke und positive Gefühle! Denn: "Alles, was mich kränkt, macht mich krank"! Wir unterscheiden jetzt zwischen (bewusst oder unbewusst), den angenehmen Gefühlen und den unangenehmen Gefühlen. Verdrängt wird meistens, was unangenehm und peinlich ist. Wie oft heißt es bei einem Jungen, also so ein großer Bub weint doch nicht mehr, oder ein Indianer kennt doch keinen Schmerz. Nun, Verdrängung ist zunächst eine Hilfe, in Wahrheit aber eine Katastrophe. Die verdrängten Gefühle gehen in das Unbewusste und hier sammelt sich der Druck des Verdrängten.

Vier Lösungsansätze:
1. Gefühle haben 2. Gefühle wieder zulassen
3. Gefühle auch zeigen 4. Gefühle entwickeln

<u>Kränke also den anderen so wenig wie möglich!</u>

Ein harmonischer Gedanke bedeutet auch immer eine harmonische Erfahrung. Ein Gedanke der Furcht oder des Ärgers bedeutet Leiden und Enttäuschung.

Das Harmoniegesetz in einem Satz:
Lass nichts BÖSES in DEINEN GEDANKEN sein!

Es sind also auch mitunter Deine eigenen pessimistischen Gedanken, die Dich deprimieren, ängstlich und ärgerlich machen, die Dich minderwertig und wertlos fühlen lassen. Depressive und traurige Menschen lassen den Kopf hängen. Probier doch einmal mit erhobenem Kopf zu weinen. Das funktioniert nicht! Juble wieder öfters, und setze also auch Deine Körpersprache ein, wenn Du Deine Gefühle verändern möchtest.

Stell Dich jetzt einmal breitbeinig hin, hebe Deine Arme hebe auch Deinen Kopf leicht nach oben an, und in dieser geöffneten Haltung sprich folgende Worte:

Ich lasse jetzt die Liebe herein.
Ich liebe das Leben, und das Leben liebt mich.
Alles fließt mir jetzt leicht und mühelos zu.
Auch ich bin jetzt ein Glückskind auf Erden.
Das göttliche Licht durchpulst jetzt jede Zelle meines Körpers. Ich bin jetzt frei, ich bin ein vollkommener Ausdruck des Lebens, und ich fühle mich jetzt vom Leben angenommen – FRIEDEN JETZT! - DANKE!

Wie oft ging es mir schon schlecht,
und hatte manches Seelenbeben,
doch jetzt ist es höchste Zeit, ich will endlich leben!
Wie oft sagte jemand zu mir:
Ein Indianer kennt doch keinen Schmerz,
doch das traf mich jedes Mal, mitten ins Herz!
Wie vieles hatte ich bereits
in meinem Leben schon ausprobiert
und dennoch war ich viel zu oft deprimiert.
Ich spüre augenblicklich
Angst, Sorgen und Minderwertigkeitsgefühle
müssen nicht länger mehr sein,
lieber lass ich die Sonne in meine Seele hinein!
Ich bin jetzt bereit, auch negatives Denken abzulegen,
dafür bringt mir mehr Liebe und Selbstachtung,
den erwünschten Segen!
Ich will jetzt endlich leben
und die Lebendigkeit wieder spüren, ganz tief in
meinem Herzen, und für immer den Rücken kehren,
all diesen seelischen Schmerzen!
Ich weiß auch, jetzt ist Schluss mit der Monotonie,
denn meine innere Stimme, sagt mir jetzt WIE!
Die Depression hält mich nicht länger im Würgegriff,
denn ab sofort bin ich selbst
der Kapitän auf meinem Lebensschiff!
Ich vollziehe nun den wichtigsten Schritt: vom
Tragischen zum Magischen, zum – GOTT ICH BIN,
dann ist das Leben, auch für mich wieder ein Gewinn!

Woran erkennt man eine Depression?

1. Das ganze Leben geschieht uns zur Freude, der Depressive hat jedoch die Fähigkeit verloren, Freude zu empfinden, er versteht und mag sich selbst nicht mehr.
2. Er hat kein Interesse mehr an Hobbys, Sexualität, ihn interessiert eigentlich gar nichts mehr.
3. Er kann nicht mehr klar denken, und deshalb kann er sich nur sehr schwer oder gar nicht entscheiden, das kann bereits am Morgen schon vor dem Kleiderschrank zu Problemen führen: Was soll ich heute anziehen?
4. Er fühlt sich einfach schlecht, erschöpft, ist oft traurig und möchte am liebsten weinen.
5. Er hat immer öfters Konzentrationsschwierigkeiten, es fällt ihm schwer den täglichen Aufgaben und Pflichten nachzukommen, meint, überhaupt nichts mehr leisten zu können.
6. Er leidet unter chronischen Schlafstörungen.
7. Ein ständiger Selbstwerteinbruch macht ihm zu schaffen, er hat kein Selbstwertgefühl mehr, im Gegenteil eher Selbstmordgedanken.

> **Nicht, das was Du erlebst, entscheidet über Dein Leben,
> sondern wie Du das empfindest, was Du erlebst, entscheidet über Dein Leben!**

<u>Hier noch einige Lösungsansätze:</u>

Im Gespräch die Adern öffnen, aus der Not herauskommen. Wie oft sagt jemand zu Dir:
Dieser Schritt wäre für Dich jetzt notwendig!

Not-wendig? Um die innere Not zu wenden! Mut tut gut!

Überlege Dir genau, ob Du eine Änderung im Leben benötigst, und wenn "JA" – welche? Lebensstil ändern!

Die Flucht vor der eigenen Person aufgeben. Alles im Leben ist entweder Liebe, oder Liebesersatz! Dieser Mangel an Liebe wird oft kompensiert durch Alkohol, Fernsehsucht, Spielsucht, Medikamentenabhängigkeit, Esssucht. Das dahinter liegende Grundproblem erkennen und beseitigen. Ein liebevoller Mensch an Deiner Seite ist die beste Medizin.

Sich die Frage stellen: Stimmt etwas mit meinem Gefühlsleben nicht? Wenn "JA" den Mangel beheben, und die 4 Lösungsansätze von Seite 225 beherzigen.

Neue Sinnfindung und sich für eine POSITIVE LEBENSFÜHRUNG öffnen. Sein Leben wieder erfüllen Womit? Mit Freude, Begeisterung, Wertschätzung, Liebe, Harmonie, Schönheit und Frieden!

Ein einschneidendes Erlebnis hatte ich vor eineinhalb Jahren. Auch ich erlitt eine Erschöpfungsdepression. Nachdem ich in den letzten zwei Jahren alles versucht hatte, um mich von der Selbstvermarktung zu befreien, arbeitete ich mit zwei CALLCENTER über einen längeren Zeitraum zusammen. Ich dachte, wenn jetzt Profis am Werk sind, kann ja nichts mehr schief gehen. Elftes Gebot: "Du sollst Dich nicht täuschen"! Ich setzte alles auf diese, neue Karte, und investierte viel Zeit, Energie und Geld! Außer Spesen, nichts gewesen! Die alte Schiene mit meinen Vorträgen vernach lässigte ich immer mehr, ich konzentrierte mich bereits auf die neue Schiene. Doch da ging absolut nichts auf. Und dann bekommt man eine Wut, und Depression heißt ja: "nach innen gerichtete Wut"! Die Einnahmen bei den Veranstaltungen wurden immer geringer, und die Aufträge bei der neuen Schiene blieben aus. Wer kann schon vom "Draufzahlen" leben? Die ständigen Sorgen, der finanzielle Druck auf der Bank. Und so kam, was kommen musste! Ich hielt in Tirol noch meinen letzten Vortrag, und am nächsten Tag, als ich in der Früh erwachte, kannte ich mich selbst nicht mehr! Ein völliges Gefühl der Erschöpfung, eine innere Leere und Traurigkeit. Mir schien, als hätte ich keinen Boden mehr unter meinen Füssen, irgendwie ein schwarzes Loch. Ich dachte nur mehr: "Heinz, um Gottes Willen, bekommst jetzt Du eine Depression"? Wo Du so viele positive Energien von Dir gibst, und so viel meditierst? Das darf doch nicht wahr sein! Aber niemand ist davor gefeit, es kann halt jeden treffen. Dann kamen berechtigterweise Ängste in mir hoch, wenn ich jetzt monatelang durch eine Depression ausfalle, mich fängt ja in der Selbstständigkeit kein Mensch auf. Der finanzielle Druck und die damit verbundenen Sorgen waren für mich fast unerträglich. Die erhellende Frage lautete nun: Was soll ich jetzt tun? Wie geht es nun weiter? Wenn Du glaubst es geht nicht mehr, kommt von irgendwo ein Lichtlein her! Und genau in dieser leidvollen Situation meldete sich meine Innere Stimme! Sie sagte zu mir: "Heinz, Du lässt jetzt augenblicklich alles liegen und stehen, steigst in das Auto ein, und fährst nach Vigaun in das Thermalbad"! Gesagt, getan, ich packte meine Badesachen ein, und fuhr los. Ich legte mich einen Tag lang in die heißen Sprudel, stellte mich unter den Wasserfall, ging schwimmen, und der "WOHLFÜHLBALSAM WASSER nahm mir in einem Tag diesen Anflug von Depression! Nächsten Tag war alles

vorbei, ich ging meinem Tagewerk erneut nach, richtete meinen Blick wieder nach vorne und nach oben, und Gott sei Dank bis heute hatte ich keinen Rückfall mehr. Dieses Wundermittel "WASSER" hat mir das Leben gerettet zum Thema "Depression"! Heute, im nachhinein bin ich sehr froh und dankbar dafür, dass ich auch diese Erfahrung machen durfte. Ich
kann dadurch Menschen, in so einer schweren Phase viel besser verstehen und auch helfen. Es ist das eine, über dieses wichtige Thema – Depression – zu sprechen, hingegen selbst diese Erfahrung gemacht zu haben, ist etwas ganz anderes.

Der Salzburger Arzt – Ivan Engler, empfiehlt in seinem Buch, die nun folgenden " SIEBEN WUNDER" in heutigen Krisenzeiten:

> **SONNE**
> **WASSER**
> **SAUERSTOFF**
> **LEBENSMITTEL**
> **BEWEGUNG**
> **ENTSPANNUNG**
> **LIEBE**

gegen Stress – Umweltbelastung – Immunschwäche für gesünderes – bewussteres – besseres Leben.

Ich würde aus meiner Erfahrung noch ein ACHTES WUNDERMITTEL hinzufügen, und das ist die "MUSIK"! Ein Leben ohne Musik ist ein großer Fehler! Höre wieder Deine Lieblingsmusik, gib Dich ganz hin, und öffne Dein Herz, lass Deine Seele berühren, und genieße sie J E T Z T !

Verwirkliche Dein Potenzial – vom Kopfdenker wieder zum Herzdenker werden!

Ich glaube, wir alle haben jetzt schon den Entwurf für unseren persönlichen Erfolg, und für all jene Bereiche, die uns wirklich glücklich machen in uns. Dieser Lebenserfolg hat jedoch nicht unbedingt damit zu tun, mit anderen zu konkurrieren und zu kämpfen, (jeder Kampf ist Krampf) um Wohlstand, Ruhm und Anerkennung zu erlangen. Auf unserer Lebensreise sollten Erfüllung, Glück und Erfolg unsere ständigen Begleiter sein. Wir sollten die Bewusstseinsstufe erlangen, dass wir auf ganz natürliche Weise das Leben führen können, voller Vertrauen, Liebe und Wertschätzung. Wir alle sind dazu geboren, das Leben zu leben, ja es zu erleben, und die Opferrolle für immer abzulegen. Positive Selbstannahme und Selbstachtung sind die Schlüssel dazu! Lebe ganz einfach in der inneren Gewissheit:

> **"Ich bin o.k., so wie ich bin. Ich bin liebenswürdig, einfach weil ich da bin. Ich bin ein wertvoller, großartiger und liebevoller Ausdruck des Lebens, kostbar und unersetzlich."**

Letztendlich bedeutet diese Art von Erfolg, den wahren Platz im Leben zu finden, den nur Du alleine füllen kannst, und zu wissen, dass Du für diesen Zweck geschaffen wurdest.
Dein Dasein entfaltet sich immer leichter, voller Liebe, Fülle, Kreativität und Freude.

Unsere Energien sollten Tag für Tag immer leichter fließen, denn ab sofort gestattest Du Dir wieder mit der SONNE zu reisen. Lasse sofort Dein Licht wieder strahlen! Unser, in jeder Hinsicht erfülltes Leben beinhaltet auch die Möglichkeit, den Talenten und Fähigkeiten, die uns in die Wiege gelegt wurden, Ausdruck zu verleihen. Wir sollten unser Kreativitätspotenzial nutzen, um unserer Schöpferrolle wieder gerecht zu werden. Der Aufruf, wieder seinem Herzen zu folgen, gilt unabhängig von Zeit und Raum und kann zu tiefer Erfüllung führen, sobald wir wieder wahrhaftig und authentisch leben. Es ist unsere persönliche Aufgabe, einen Kanal zu schaffen, durch den unsere Liebe und Leidenschaft in die Welt fließen kann. Unser Arbeitsplatz ist zugleich ein Abenteuerspielplatz, auf dem wir durch Einsatz unserer Talente und Kräfte uneingeschränkten Erfolg erlangen können. Die Erfüllung unserer Bestimmung hilft so vielen Menschen, und wartet nur darauf, dass wir unser innerstes Wesen ans Licht bringen. Wir sind doch alle als Rohdiamant geboren worden, und der Sinn des Lebens besteht nun darin, ihm den Feinschliff zu verpassen. Es ist das Ziel unseres Erfolgs, die Liebe und das Licht aus unserem Inneren in diese Welt strömen zu lassen. Nur dann empfinden wir großes Glück, entfesseln unsere Vorstellungs-kraft und verwirklichen unser schöpferisches Potenzial. Wir dürfen das unendliche Potenzial jetzt wieder erschließen, das in jedem von uns schlummert, und der erste Praxisschritt besteht nun darin:

> **Vom Kopfdenker wieder zum Herzdenker werden –**
> **nur so kannst Du**
> **glücklich sein auf Erden!**

Wir Menschen streben doch alle, egal welcher Herkunft, sozialer Stellung, Alter, Rasse, Hautfarbe, politischer Einstellung, religiöser Zugehörigkeit, Kulturkreis – nach Glück und Erfolg, seelischem Gleichgewicht und Frieden, nach Gesundheit und Liebe. Freilich sind die Wege sehr unterschiedlich, um diese innere Sehnsucht zu befriedigen. Und doch führen alle Wege nach Rom! Alle Weltreligionen und Lebensphilosophien sind doch nur Wegweiser zum Glück. Unzufriedenheit, Stress, Leistungsdruck und Sorgen sind Gefühle der Angst, das heißt, wir sind eng in unserem Bewusstsein und begrenzt in unseren Möglichkeiten. Angst trübt auch den Blick für das Wesentliche, sie macht uns letztendlich zu Zwergen und blockiert und verhindert eine harmonische Schwingung voller Liebe und Zuversicht. Durch dieses Trennungsdenken von Angst, Zweifel und Unsicherheit versetzen wir uns in Disharmonie, und die wiederum verursacht in unserem Leben Schmerz, finanzielle Probleme und Beziehungsstress. Wir können uns dann an der Schönheit der Natur nicht wirklich erfreuen, und fühlen uns vom Leben und von der Fülle abgeschnitten. Dieses Gefühl des Getrenntseins ist jedoch nur eine Illusion, es entspringt natürlich dem Kopfdenken. Du bist Du und ich bin ich, was gehst mich Du an? Entweder ich lebe im Gefühl des Getrenntseins, oder im Gefühl der Einheit, ja der Verbundenheit. Wann immer wir leiden, ist es nur ein Zeichen, dass wir den Kopf vom Herzen getrennt haben. Wir sind dann in Disharmonie, und ziehen gemäß unserer Eigenschwingung Situationen in unser Leben, die uns im inneren Werte- und Glaubenssystem darin bestätigen und bestärken, dass wir in einer Welt voller Gefahren und Schwierigkeiten leben.

ALLES IST EINS

Trotzdem ist weit unter dem oberflächlichen Gefühl des Getrenntseins, ein tiefes, unsagbares Gefühl der Einheit, der Verbundenheit. Das ganze Ärztewesen ist ein lebendiger Beweis dafür, dass es uns nicht egal ist, was mit unserem Nächsten passiert. Das große Gegenteil von Angst ist Liebe. Die Liebe ist also das goldene Tor zum Paradies, sie ist die Erfüllung des Gesetzes, sie macht uns selbstbewusst, frei und unabhängig, und schenkt uns die Kraft alles zu überwinden.

Die Liebe ist also unbesiegbar. Sie ist überall, sie trennt und urteilt nicht. Liebe breitet sich aus, und nimmt alles in sich auf. Liebe ist die Substanz, das einheitliche Energiefeld, die höchste Schwingung im gesamten Universum. Es herrscht also Einheit im Kosmos. Die Änderung unseres Denkens produziert ab sofort andere Schwingungen, andere Energien und somit eine andere, neue Zukunft! Es ist Deine freie Wahl, ob Du Deine Welt durch die Brille der Angst betrachtest, oder ob Du Dich in Deine wahre Liebesschwingung begibst, und somit alles und jeden mit den Augen der Liebe betrachtest. Solange der Mensch nicht wirklich bereit ist, sich für das Gesamtbild der Schöpfung zu öffnen, bleibt er innerhalb seiner eigenen Grenzen gefangen. Welches Gefühl kommt in Dir hoch, wenn Du an Begriffe denkst wie:

GANZHEITLICHES DENKEN
GANZHEITSMEDIZIN
GANZHEITLICHER ERFOLG

Die Antwort und die Lösung all unserer Probleme und Schwierigkeiten finden wir in unserem Herzen. Sobald es uns wieder gelingt, das Herz zu entdecken, zu öffnen und zu aktivieren, folgen wir automatisch der Stimme unseres Herzens. Dann befinden wir uns auf dem Weg zum größten *aller Geheimnisse, wir finden durch das Herz Kontakt mit Engelwesen, und wir lernen wieder mit dem Herzen zu sehen und zu hören sowie aus dem Herzen heraus zu sprechen und zu handeln. Das Herz, von dem hier die Rede ist, ist weder ein Organ noch ein Energiezentrum noch ein Teil des Menschen. Das Herz, von dem hier die Rede ist, ist der Kern, die Mitte, eben im wahren Sinne des Wortes das Herz des Menschen als fühlendes Wesen. Dieses Herz verbindet alle Teile und alle Ebenen des menschlichen Seins, es ist das Zentrum aller, und der Kern unseres Wesens. Seine Wünsche sind die Bestrebungen der Seele in konkreter Form!*

**Willst Du wieder mit dem Herzen sehen?
Mit den Augen der Liebe durchs Leben gehen?
Kannst Du das Reine und Göttliche
in jedem Wesen erkennen?
Oder ist Dein Herz verhärtet und kalt,
dann läufst Du Gefahr, in der Wüste
der Sinnlosigkeit zu verbrennen!
Sobald Du vom Kopfdenker wieder zum
Herzdenker wirst,
kannst Du das größte Geheimnis entdecken,
und das Nachtgespenst Angst -
wird Dich nicht länger mehr schrecken!
Du wirst aus der Weisheit des Ganzen leben,
und kannst ständig aus dem "Vollen" geben.
Dann steht Dein Herz in Verbindung
mit der göttlichen Kraft
und in dieser unerschütterlichen Gelassenheit,
kannst Du dann sagen, ich hab es geschafft!**

Das physische Herz hingegen ist das Herz des Körpers, es war immer das Symbol für Liebe und Wärme, und alles, was dieses Organ betrifft, betrifft den Menschen auch in seinem Kern als fühlendes Wesen. Ist ein Herz "verhärtet", so bedeutet das, dass das Herz sich abgeschnitten hat von seiner eigenen Lebendigkeit, die in ihrer Essenz Liebe ist. Ist das Herz schwach, so kann es auch bedeuten, dass die Verbindung des Menschen zu seinem innersten Kern, dem Quell seiner Kraft, ebenfalls schwach ist, und das der Betreffende seinem inneren Kraftzentrum misstraut. Dadurch wird seine Lebenskraft vermindert, und er ist in seinen Möglichkeiten eingeschränkt. Bei vielen Menschen arbeitet das Herz unregelmäßig, und das kann bedeuten, dass der Betroffene ein unstetes Verhältnis zu seinem Wesenskern hat. Immer wieder öffnet er sich, und zu anderen Zeiten verschließt er sich. Das Herzchakra ist das Zentrum aller Energiezentren, der Treffpunkt zwischen den Ebenen. Man kann auch sagen, eine Verbindung zwischen oben und unten. Sobald Du Dir angewöhnst, Dich immer wieder auf Dein Herzzentrum zu konzentrieren, entweder mit den wundervollen Klängen von AEOLIAH (Reiki-Meister), oder auch durch meine Herzmeditation (gleich hier - jetzt im Anschluss), so gelangst Du mit der Zeit in Fühlung mit dem Kern Deines Wesens. Wann immer es Dir gelingt, das Herz in den Mittelpunkt Deines Gewahrseins zu stellen, erzeugst Du eine andere Qualität, als Dich nur im Kopf oder im Bauch zu zentrieren. Egal, welche Probleme und Schwierigkeiten auch immer sich in Deinen Weg stellen mögen, lass Dich nicht so schnell aus der Verankerung Deines Herzen reißen, so bleibst Du in Deiner Mitte, und im Zentrum dieser Mitte herrscht Frieden. Wer wieder auf die Liebe hört, und mit dem

Herzen sieht, hält allem stand, dem Schönen wie dem Schlimmen. In allem sieht er nur Liebe und eine Höherentwicklung zum Wohle des Ganzen, dann folgt er den Ruf seines Herzens, und kann das größte aller Geheimnisse lüften, dann ist er bereits hier auf Erden schon in seinem Himmel. Vergiss niemals, Dein Herz repräsentiert die Liebe, und ohne Liebe ist alles nichts! Könntest Du nur ausreichend lieben, Du wärst der mächtigste und glücklichste Mensch auf dieser Erde.

Folge der Stimme Deines Herzens, und Du kommst viel häufiger und schneller in Dein Schloss – Dein Himmel wartet darauf, von Dir entdeckt zu werden.

**Nimm Deinen Himmel jetzt schon in Besitz,
ich meine es erst – es ist wirklich kein Witz.
Dann wirst Du staunen,
denn der Himmel hält für Dich alles bereit,
glaube mir, schon jetzt beginnt Deine beste Zeit!
Das Blühen und Wachsen wird niemals vergehen,
denn Du kannst wieder
mit Deinem Herzen sehen,
dann verstehst Du auch,
Dein Himmel ist näher als Du denkst,
weil Du Deine Liebe an alle verströmst,
und Dein großes Herz
an Deinen Liebsten verschenkst.
Nur so leistest Du
einen wertvollen Beitrag für diese Welt,
und erkennst auch,
die Zeit und die Liebe sind wichtiger als Geld!**

Die Herzmeditation

Ich schließe nun meine Augen, und richte meine Aufmerksamkeit nach innen. Ich lasse meine Außenwelt nun liebevoll los, und sinke mit jedem Atemzug immer tiefer in mich hinein. Einfach loslassen, einfach fallenlassen. Ich werde jetzt innerlich ganz ruhig. Ich bin jetzt der Mittelpunkt des gesamten Universums. Ich fühle mich jetzt in mir geborgen. Mein Körper wird nun ganz leicht. Ich lasse nun alle Sorgengedanken los, und ich bin frei! Ich sehe nun, vor meinem geistigen Auge, eine Treppe. Und ich gehe diese Treppe, Stufe für Stufe immer tiefer hinab. Zehn, neun, acht, sieben, immer tiefer, sechs, fünf, vier, drei, immer tiefer, zwei, eins, null. Ganz unten angekommen, stehe ich nun vor dem Tempel – meinem Herzen. Ich öffne nun meine Herzenstür, und trete ein in meine lichtvolle Innenwelt. Ich schließe wieder hinter mir die Tür und jetzt ist alles hell, wohlig warm und angenehm. Ich tauche noch tiefer ein, in meine lichtvolle Innenwelt, ich fühle mich jetzt in mir geborgen. Ich fühle mich jetzt vom Leben angenommen. Alles ist jetzt gut. Ich bin Teil eines liebevollen Universums. In Wahrheit bin ich Liebe. Ich bin liebenswert, einfach, weil ich da bin. Ich sage ja zu mir, ja zu meinen Mitmenschen, und ja zum Leben, zu meinem Leben. Ich bin es mir wert, einen gesunden, vitalen Körper zu haben. Ich bin es mir jetzt wert, dass ich erfolgreich bin. Ich fühle mich wert, liebevolle Beziehungen zu leben. Ich verdiene wirklich alles Gute. Ich liebe die Sonne, weil sie mich wärmt, ich liebe aber auch den Regen, weil er meinen Geist reinigt. Ich liebe das Licht, weil es mir den Weg weist, ich liebe aber auch die Dunkelheit, weil sie mir die Sterne zeigt. Ich liebe das Glück, weil es mein Herz erheitert. Ich liebe aber *auch die Traurigkeit, weil sie meine Seele öffnet. Ich liebe Herausforderungen, weil ich durch sie wachsen kann. Ich fühle mich jetzt vom Leben angenommen. Ich fühle mich in mir geborgen. Ich werde von der Liebe Gottes getragen. Alles ist gut in meiner Welt. Ich weiß, der Weg zur Liebe, führt über die Vergebung, und somit vergebe ich allen Menschen, die mir vermeintlich etwas angetan haben. Und ich vergebe mir auch selbst. Ich sehe nun vor meinem geistigen Auge, wie ich ein kleines Kind bin. Ich drehe das Zeitrad, noch weiter zurück, und sehe mich als Baby. Ich nehme dieses kleine Baby in meine Hände, und trage es hinein in meinen Herzraum. Ich lächle es an, und es lächelt zurück. Es fühlt sich jetzt in mir geborgen. Ich beschenke nun mein inneres Kind, mit Liebe, mit Wohlwollen, mit Wärme und Verständnis. Ich sage jetzt ja, zu meinem inneren Kind. Es fühlt sich von mir und vom Leben angenommen. Es ist glücklich. Ich sehe nun, vor meinem geistigen Auge, meine Mutter als kleines Mädchen. Ich drehe das Zeitrad noch weiter zurück, und sehe meine Mutter, als kleines Baby. Ich nehme dieses Baby in meine Hände, und trage es hinein in meine lichtvolle Innenwelt, in meinen Herzraum. Ich lächle es an, und es lächelt zurück. Ich versorge nun meine Mutter, als kleines Baby mit Liebe, mit Wärme, mit Verständnis und Licht. Es fühlt sich in mir wohl. Es fühlt sich geborgen. Ich sehe nun vor meinem geistigen Auge, meinen Vater als kleinen Jungen. Ich drehe das Zeitrad, noch weiter zurück, und sehe ihn als kleines Baby. Ich lege dieses Baby in meine Hände, und trage es hinein in meinen Herzraum. Ich lächle es an, und es lächelt zurück. Ich beschenke nun meinen Vater als kleines Baby, mit Liebe, mit Wärme, mit Zärtlichkeit und Fürsorge. Es fühlt sich in mir geborgen. Es ist glücklich. Alle drei Babys, mein* inneres Kind, meine Mutter und mein Vater, fühlen sich jetzt in mir geborgen. Sie werden getragen, von der Liebe Gottes. Alles ist nun gut. Sie fühlen sich vom Leben angenommen. Ich spüre tief in meinem Herzen, wie jetzt Heilung geschieht. Ich sehe nun vor meinem geistigen Auge die Erde, den Erdball, und ich lasse diese Erdkugel immer kleiner werden. Noch kleiner, ganz klein, so klein, wie ein Tennisball. Ich lege diesen Ball in meine Hände, und trage auch die Erde, hinein in meinen Herzraum. Ich versorge nun die Erde mit Liebe, mit Frieden und Verständnis. Ich spüre ganz deutlich in mir, wie jetzt auf unserer Erde, Heilung geschieht. Unsere Erde ist jetzt heil und ganz. Göttliche Liebe durchströmt unseren Planeten Erde. Ich spüre nun, wie auf unserer Erde Heilung geschieht. Ich befinde mich jetzt wieder, in meiner eigenen Liebesschwingung. Ich fühle mich jetzt vom Leben angenommen, von der Liebe Gottes getragen und alles ist jetzt gut. Ich verstehe nun, das Leben meint es in Wahrheit immer gut mit mir. Ich kann jetzt Scherben in Glück verwandeln. Ich habe für jeden und alles eine glückliche Hand. Über den Dingen stehen. Ich stehe jetzt über den Dingen, und ich bin frei! Ich sehe mich noch ein wenig um, in meiner lichtvollen Innenwelt. Ich fühle mich jetzt geborgen. Alles ist nun ganz leicht. Alles ist wohlig warm, und angenehm. Ich bin jetzt glücklich. Ich bin jetzt glücklich und zufrieden. Der Frieden Gottes durchströmt meinen Geist, meinen Körper und mein ganzes Gemüt. Ich erkenne nun, ich habe Gefühle, und ich habe ein Recht darauf, meine Gefühle auch zu leben. Ich lasse mich jetzt von meinen Gefühlen leiten und lenken. Ich bin liebenswert, einfach weil ich da bin. Ich darf jetzt meine Gefühle auch ausdrücken. Ich spüre nun, mein Leben ist genau das, wozu meine Gedanken und Gefühle es machen. Und genau deshalb, bin ich jetzt offen in meinem Geist und meinem Herzen. Ich sage bedingungslos ja zu mir, zu meinen Mitmenschen, zum Leben, zu meinem Leben. Ich sehe nun auf einmal wieder meine Herzenstür. Ich öffne sie, und trete hindurch. Ich schließe diese Tür hinter mir, und vor mir sehe ich wieder diese Treppe. Ich bin jetzt bereit, diese Treppe wieder hoch zu steigen, Stufe für Stufe. Eins, zwei, drei, immer höher, vier, fünf, sechs, sieben, immer höher hinauf, acht, neun, zehn. Ganz oben angekommen, fühle ich mich frei, und erleichtert. Ich habe die Liebe in mir so tief erfahren, ich bin glücklich. Ich bin jetzt wieder bereit, auf die Liebe zu hören. Ich weiß, die Liebe ist unsere Rettung.

Schön langsam, kehre ich wieder zurück, an die Oberfläche des Seins. Ich spüre mich noch ein wenig in meiner Mitte. Über, über den Dingen stehen. Ich stehe jetzt über den Dingen. Ich habe für jeden und alles, eine glückliche Hand. Ich kann Scherben in Glück verwandeln. Ich nehme nun die Eindrücke, die ich aus dieser Meditation gewonnen habe, mit hinein, mit hinaus, in meinen Alltag. Ich lasse diese Schwingung, noch ein wenig in mir nachklingen. Sobald ich wieder bereit bin, öffne ich meine Augen, atme tief ein, und strecke mich, und spüre volle Energie in meinem ganzen Körper. Ich weiß, alles ist gut. In meinem Leben ist nun wirklich alles gut.

Diese Meditation kannst Du Dir natürlich selbst auf eine Kassette aufnehmen. Entscheidend ist nur, dass Du sie mit einer schönen, harmonischen Musik untermalst!

Sie ist aber auch als Meditationskassette oder CD über den Aloha – Verlag - Heinz Kerschbaumer erhältlich. Siehe unter Produkte & Preise im Anhang.

Zusammenfassung

1. Die Eintrittskarte zum positiven Denken bekommst Du nur, wenn Du also den "RUCKSACK der VERGANGENHEIT" abschüttelst. Die zwei größten Hindernisse sind: "Grübeln über Vergangenes und sich Sorgen machen über Zukünftiges".

2. Die nun folgenden 3 Stufen sind hilfreich:
   1. Stufe: "Bewusstmachung" – Womit bin ich unzufrieden?
   2. Stufe: Ich treffe eine klare Entscheidung!
   3. Stufe: "HANDELN" – Ich tue es JETZT!

3. Mache Dich frei von der Meinung der anderen! Als Schöpfer bestimmst Du selbst, ob Du Dich ständig der Fremdberieselung in Form von Medien, Nachbarn und Arbeitskollegen hingibst, oder ob Du Dein Leben vorwiegend selbst bestimmst.

4. Vollziehe nun den Schritt vom Opfer zum Schöpfer! Wir können nur gesund sein, wenn wir glauben, gesund zu sein. Wir können nur glücklich sein, wenn wir davon innerlich überzeugt sind, glücklich zu sein. Lebe wieder im "GEWINNERBEWUSSTSEIN"!

<u>Der Anfang aller Realität ist Überzeugung!</u>

5. Das Gesetz der Schöpferkraft besagt: Das, was die meiste Kraft, die stärkste Energie hat, MANIFESTIERT SICH in Deinem Leben.

6. Wohlstand, Fülle und Reichtum sind in Wahrheit unser natürliches Geburtsrecht und zugleich unser göttliches Erbe. Wo viel Geld fließt, da gibt es auch Neid, wo Mangel herrscht, gesellt sich bald das Leid dazu.

Das göttliche Selbst ist Überfluss und Fülle. Du bist es JETZT – in diesem Augenblick!

<u>MEIN SEIN IST MEIN UNTERHALT.</u>

7. *Ich treffe jetzt die Wahl, ein Leben in Fülle und Wohlstand zu leben. Arbeite stets mit den 4 Wohlstands-Überzeugungen und denke so, als würde jeder Deiner Gedanken mit dem Feuer der Begeisterung in den Himmel gebrannt! Du bist zum Ausdruck gebrachte Fülle & Freude.*

8. *Spiele endlich die Hauptrolle in Deinem Leben! Natürlich ist die Hauptrolle auch oft mit einer höheren Verantwortung verbunden, und dennoch ist sie dafür spannender, interessanter und vor allem erfüllender! Gehe also DEINEN WEG, denn der WEG IST DAS ZIEL!*

9. *Nimm Dir wieder einmal Zeit für das "WESENTLICHE"! Mache Dir also darüber Gedanken, wie kannst Du Dein Zeitkapital sorgfältig anlegen. Stelle Dir auch vor: Du würdest jetzt augenblicklich alles Unwesentliche loslassen. Wovon trennst Du Dich JETZT als ERSTES?*

10. *Arbeite mindestens für die nächsten 3 bis 4 Wochen mit der ZIELSETZUNGSMETHODE! Dadurch hast Du einen wertvollen Baustein in der Hand, um Dein Leben glücklich und erfolgreich zu gestalten. Strebe Deine Tagesziele nicht nur an, mit dieser wirkungsvollen Methode, setzt Du sie auch tatsächlich erfolgreich um! TUE ES JETZT!*

11. *Deiner kreativen Vorstellungskraft sind keine Grenzen gesetzt. Träume sind nicht nur Schäume! Im Gegenteil, Deine Träume warten nur darauf, von Dir*

als Schöpfer in die Realität umgesetzt zu werden. Unsere Wirklichkeit ist leider oft nur eine misslungene Variante unserer Träume. Dennoch erkenne den Unterschied zwischen dem "WEG-TRÄUMEN" und dem "HER-TRÄUMEN"! Herträumen kommt von Fülle! Das Motto lautet: "WÜNSCHE WAGEN - TRÄUME LEBEN"

12. Wir bekommen also vom Leben nur das, was wir bereits innerlich schon ausgestaltet haben, und geistig besitzen!

13. Lass Deine Ängste los und sei ein Überwinder! Angst führt also immer zu einer Bewusstseinsverengung, sie macht Dich klein, und begrenzt Dich in Deinen Möglichkeiten. Entweder Du tötest Deine Angst, oder sie tötet Dich!

14. Sei auch ein Künstler der Wandlung! Du kannst Tränen in Sonnenschein verwandeln, und Scherben in Glück! Du hast für alles und jeden eine glückliche Hand!

15. Sei nie mehr deprimiert, und beginne endlich zu leben! Die Depression ist die Hölle auf Erden, das Glück jedoch ist der Himmel auf Erden, wann immer Du kein Glück hast, dann hast Du es abbestellt. Denke daran: Das PROBLEM – ORIENTIERTE DENKEN IST DER TOTENGRÄBER DEINES GLÜCKS.

16. Das Harmoniegesetz in einem Satz: Lass nichts BÖSES in DEINEN GEDANKEN sein! Vollziehe den NOT – WENDIGEN Schritt, um Deine innere Not zu wenden!

17. Beachte die 8 WUNDERMITTEL in Deinem Leben! Werde vom Kopfdenker wieder zum Herzdenker!

Was möchte ich mir von diesem Kapitel merken?

1. _____

2. _____

3. _____

4. _____

5. _____

**Die unbegrenzte, göttliche Schöpferkraft in mir
lässt mich jetzt große Dinge vollbringen.
Begeisterung, Liebe und Glück
bringen mein Herz jetzt zum Singen!**

Lieber Himmel hilf mir...

Lieber Himmel hilf mir, diese Lebensweise zu bestehen –
Lieber Himmel hilf mir, zum RICHTIGEN ZEITPUNKT –
von dieser Erde zu gehen.
Lieber Himmel hilf mir, selbst wenn nicht alle
Reisegefährten etwas taugen –
dass ich sie dennoch sehen kann, mit LIEBENDEN AUGEN.
Lieber Himmel hilf mir, selbst in Zeiten
der Angst und Schwierigkeiten –
gestärkt hervorzugehen und mein Bewusstsein zu weiten.
Lieber Himmel hilf mir,
immer wieder NEUE PFADE zu betreten –
und lehre mich in Liebe zu beten.
Lieber Himmel, lass in mir ständig HEILUNG geschehen –
und meine HÖCHSTEN TRÄUME
vor meinem geistigen Auge sehen.
Lieber Himmel, lass mich DAS GÖTTLICHE
in jedem Menschen erkennen – und lass mein Herz
voller Sehnsucht und Begeisterung brennen!
Lieber Himmel, lass meine Seele von den ENGELN berühren –
und öffne mir bei Lebenskrisen – wieder NEUE TÜREN.
Lieber Himmel, lass DEN FRIEDEN
IN MEINEM GEMÜT BEGINNEN –
und gestatte mir im Lebensspiel – immer öfter zu gewinnen.
Lieber Himmel hilf mir, die Trauer zu überwinden.
Lieber Himmel hilf mir, den SINN MEINES LEBENS
zu finden.
Lieber Himmel, erlaube mir duch DANKBARKEIT –
GOTT SEHR NAHE zu sein –
und lass mich mein Leben genießen,
in GLÜCK und bei SONNENSCHEIN.
Lieber Himmel, schenk mir die Kraft –
um allen Feinden zu vergeben.
Lieber Himmel – lass mich jetzt werden –
für ALLE MENSCHEN zum SEGEN!
AMEN

Heinz Kerschbaumer

Mein Weg als Persönlichkeitstrainer...

Ich kann mich noch gut erinnern, als ich im Zug nach München saß, ganz tief in mir spürte, jetzt bin ich reif für die "Ausbildung zum Persönlichkeitstrainer", und dennoch keine müde Mark besaß um sie bezahlen zu können. Es war ein Samstag im Februar 1992 und ich traf mich mit Herrn Dieter F. Ahrens aus Bremen - mein zukünftiger Ausbilder - in München zum Vorstellungsgespräch und zum Unterzeichnen des Ausbildungsvertrages für den Trainerberuf.

Wie kann man so viel Freude haben, die innere Gewissheit fühlen, dass jetzt der Zeitpunkt reif ist? Vor Begeisterung brennen bis es endlich losgeht, und trotzdem den Mut aufbringen mich beruflich total verändern zu wollen und die alten Geleise der Scheinsicherheit für immer zu verlassen?

Ich bin heute davon überzeugt: es war ein starkes Vertrauen, eine große Vision und das brennende Verlangen aus meinem Wunsch Wirklichkeit werden zu lassen. Ich fühlte mich ganz einfach dazu berufen! Wie heißt es so schön: Der GLAUBE kann Berge versetzen!

Meine 3 persönlichen Erfolgsfaktoren, nicht angelesen, sondern meine eigene Erfahrung:

   1. Sein Ziel niemals aus den Augen zu verlieren.
   2. Sich selber treu zu bleiben.
   *3. Ständig mit der Bereitschaft in den neuen
       Tag hineinzugehen, sein BESTES zu GEBEN!*

GLAUBE beginnt genau da, wo die Beweisführung aufhört!

Der Betreuer von meiner Hausbank hatte größte Zweifel und Bedenken, ob ich jemals nach dieser Ausbildung zum Persönlichkeitstrainer in Bremen – hauptberuflich auch Fuß fassen könne, nachdem so viele leere Versprechungen gemacht werden und anschließend...? Aber wo ein Wille, da auch ein Weg, ganz von alleine bot sich mir die Möglichkeit an, meine Ausbildung finanzieren zu können. Damals begriff ich diese wertvolle Erkenntnis schon:

<u>*Einstellungen sind wichtiger, als Tatsachen!!!*</u>

Die Ausbildung dauerte 10 Monate, davon 8 mal ein Praxiswochenende in Bremen, der Rest im Heimstudium. Bereits beim 2. Wochenende in Bremen schrie der erste Teilnehmer auf, (wir waren insgesamt 11 Teilnehmer) – für den Persönlichkeitstrainer gib es nicht einmal einen Markt in Deutschland und beim nächsten Mal, war er bereits nicht mehr dabei! Mein Ausbilder sagte jedoch beim 1. Wochenende – über den Herrn Kerschbaumer brauche ich mir keine Sorgen zu machen – der macht SEINEN WEG!

Wie heißt es so schön: wenn eine Idee reif ist, dann können alle Armeen der Welt gleichzeitig aufrücken und dennoch haben sie keine Chance.

Inzwischen liegen 12 Jahre zurück – ein langer und steiniger Weg (ohne der Hilfe meiner Mutter hätte ich es nie geschafft) gepflastert von vielen Steinen des Erfolgs und Misserfolgs kann ich jetzt auf 1.100 Veranstaltungen zurückblicken, auch ein schöner und faszinierender Weg!

Wie singt Udo Jürgens in seinem Lied:

<u>Wer niemals verliert, hat den Sieg nicht verdient!</u>

Und trotzdem habe ich all diese Erfahrungen gebraucht, um das zu werden, was ich heute bin:

"Ein sehr guter, erfolgreicher Persönlichkeitstrainer"! Wir müssen alle Höhen und Tiefen durchlaufen, um bestimmte Erfahrungen machen zu können – aus denen Erkenntnisse werden – das einzige nämlich, was wir aus einem langen, erfüllten Leben einmal mitnehmen können. Heute habe ich keine Probleme damit, über meine Misserfolge genau so locker zu sprechen, wie über meine Erfolge, genau darin liegt meine STÄRKE!

Ich spürte aber auch den Frust und den seelischen Schmerz tief in mir, als ich im Jänner / Februar dieses Jahres fast das Handtuch werfen wollte, nachdem ich die letzten zwei Jahre alles unternommen hatte, um Kooperationspartner zu finden - für eine professionelle Vermarktung als Trainer. Mit gleich zwei CALLCENTER habe ich zusammengearbeitet und dennoch ging nichts, aber schon gar nichts auf! Außer Spesen nichts gewesen! Der finanzielle Druck war fast unerträglich geworden, und all meine Bemühungen nach Kooperationen schienen zu scheitern. Und dann, selbst nach 12 Jahren kamen Zweifel in mir hoch, und vor lauter Frust und Wut, ließ ich ALLES LOS.
Und genau ab diesem Zeitpunkt kam die große Wende und es lief besser und immer besser mit meinen Veranstaltungen.
Aus Frust wurde Lust und aus Fehlschlägen Erfolge! Da kam erneut Freude und Zuversicht in mir hoch und

jetzt – ja gerade JETZT schreibe ich mein ERSTES BUCH!

Die Menschen sind offen und sprechen mich immer öfter an, ob ich nicht für Vereine, Gemeinden, Firmen und Frauenbewegungen auch Vorträge halte! Die ersten Buchungen erfolgten bereits und JETZT folgt dieses BUCH!

Du kannst anhand dieser wenigen Beispielen deutlich erkennen, ja ich könnte über "MEINEN WEG als PERSÖNLICHKEITSTRAINER" ein ganzes Buch füllen.

Abschließend kann ich immer wieder nur feststellen:

Man muss das UNMÖGLICHE versuchen, um das MÖGLICHE zu erreichen!

Wie sagte eine alte Bekannte schon vor vielen Jahren zu mir: Heinz – Dir kann überhaupt nichts passieren – Du wirst von "OBEN" geführt.

Ich bin davon überzeugt, JEDER EINZELNE kann den "HIMMEL" auf die ERDE bringen! Der alles durchdringende Geist Gottes, zog mich aus dem Dunkel meiner Gedankengänge zurück in die Liebe, schenkte mir Gewissheit, dass mein Leben wie unser aller Leben aus diesem Geist der Liebe kommt und in ihm lebendig ist. Für immer.

Ich wünsche mir von ganzem Herzen, dass ich durch meine BERUFUNG und durch dieses BUCH zum SEGEN vieler MENSCHEN sein kann.

Ein Gedanke... zum Schluss!

Es war schön, Dich mit diesem Buch ein Stück Deines Weges
zu begleiten...
...auf dem Weg zum "Meister der Wandlung"
vergiss niemals: Du bist ein "Überwinder"!
Du bist ein "Schöpfer"!
Du bist ein "Gewinner"!
...denke daran, neige Dich zum Gefallenen,
aber lege Dich nicht dazu!

Das Leben wird uns immer wieder mit Aufgaben, Botschaften
und Prüfungen herausfordern und überraschen, dennoch
haben wir die Kraft
ALLES zu MEISTERN und jedes von uns gesteckte
Ziel zu erreichen!
Das einzige, was wir dazu benötigen, ist wieder dieses
"URVERTRAUEN"! All meine Gedichte und Botschaften dürfen Dich darin unterstützen und stärken.
Ich wünsche uns allen, möge dieses Buch unsere Träume
beflügeln, vorausgesetzt wir träumen noch immer vom
Paradies... von der Glückseeligkeit...
vom Himmel auf Erden...
VERTRÄUME nicht DEIN LEBEN –
sondern LEBE DEINE TRÄUME!

Mahalo: Danke.
Möge die Energie des Lebens immer mit Dir sein!

In Liebe

Heinz

Wie wirkt das Training auf die Seminarteilnehmer?

Erst im Alter von 45 Jahren bin ich von einer Frau auf die Abendvorträge von Heinz Kerschbaumer informiert worden. Ich besuchte im Februar 1999 im Sparkassensaal in Ried (Innkreis) den Abendvortrag über Positives Denken von Heinz Kerschbaumer und hatte auch gleich Gefallen gefunden und merkte, dass es mir gut tut. Die von Heinz Kerschbaumer gesprochenen Worte fühlten sich an wie Streicheleinheiten in meiner Seele. Und in meinem grauen Alltag wurde etwas Farbe gebracht. Erst ein im Vortrag gewonnener Gutschein für ein Ganztagesseminar im Hotel Gmachl, geleitet von Heinz Kerschbaumer gab mir einen gewaltigen Auftrieb. Dort wurden mir erst meine Versäumnisse und Bedürfnisse bewusst, und dass ich da dringend in meinem Leben etwas ändern muss. Ich ließ mich nicht entmutigen und besuchte weiter die von Heinz Kerschbaumer gut vorbereiteten und geleiteten Seminare, wo ich auch schon einen gewaltigen Erfolg wahrnehmen konnte und auch eine herzliche Freundschaft zu den Seminarteilnehmern. Sie gaben mir auch Mut und guten Rat für mein Leben. Als Heinz Kerschbaumer im Jänner 2000 in der Pyramide in Wels den Meisterkurs gestartet hat, kam ich voll in Fahrt, mit dem ich auch den wichtigsten Schritt in meinem Leben vollzogen habe, abnabeln von den Eltern, was für mich sehr schmerzlich, aber sehr wichtig war. Leider 20 Jahre zu spät, und trotzdem danke ich Gott von ganzem Herzen, dass ich den Heinz Kerschbaumer kennen lernen durfte, denn er ist für mich lebenswichtig, wie das tägliche Brot.

Ich merke auch gleich, wenn ich längere Zeit keine Seminare oder keine Abendvorträge besuche, falle ich gleich wieder zurück in die Depression. Der Schlüssel zum "Positiven Denken" ist die "Regelmäßigkeit" an der Teilnahme von Ganztagesseminaren.
Walter Inzinger

Jeder von uns ist ja eine eigene Persönlichkeit. Im vorletzten "Sonntagscafe" war der Persönlichkeitstrainer Heinz Kerschbaumer zu Gast. In dem Gespräch mit ihm ging es unter anderem um "Positives Denken" und die "Krise als Chance"! Wir wollten es genau wissen, und besuchten am Samstag eines seiner Seminare. Heinz Kerschbaumer war am Ende des Tages mit dem Ergebnis zufrieden.

<u>Unsere Frage:</u>
waren es die Teilnehmer auch?

Ja, ich muss dazu sagen, dass der ausführende Herr Kerschbaumer die Sache an und für sich sehr individuell auf den einzelnen Besucher einsteigende veranstaltet, dass die Themen sich sehr breit, diskutierend entwickelt haben – und alles in allem - eine gute Sache! Es war ein sehr positiver, schöner Tag.

Bin eher Skeptiker gegenüber Esoterik u. s. w., ja, ich bin mit der Erwartung hergekommen, dass ich mir doch vielleicht ein bisschen etwas mitnehmen kann, was halt "Positives Denken" heißt, und wie ich das umsetzen werde oder kann, ob es mir gelingt, weiß ich noch nicht, ich probiere es auf jeden Fall!

Ich hab das Seminar sehr positiv empfunden, und ich habe mir gedacht, ich lerne noch etwas dazu, ja es hat meinen Erwartungen entsprochen. Ich bin an und für sich ein positiv denkender Mensch, aber in gewissen Dingen sofort wieder negativ und in Disharmonie. Es hat mir einfach gezeigt, wenn man offen ist, und wenn man mit sehr vielen Menschen zusammen ist, ist ein jeder gleich und man muss aus sich ein bisschen herausgehen, ja es war toll!

Ich habe mich mit dem positiven Denken schon länger befasst, und ich war auch schon in ein paar Kurzabenden von Herrn Kerschbaumer und es hat mir eigentlich gefallen. Die Erwartungen waren dann doch schon ein wenig höher aber sie sind auch erfüllt worden.

Ja, mir hat es wirklich gut gefallen, und ich glaub ehrlich, dass es mir echt was bringt! Ich werde zu Hause die Unterlagen noch einmal anschauen, ich bin aber jetzt schon der Meinung, dass ich auf jeden Fall etwas verwirklichen werde!

Feedback seitens der Seminarteilnehmer von "Radio Melody" = <u>*heute „Antenne Salzburg"*</u>

<u>VORTRAG - Gesunde Gemeinde in Grein.</u> Begeistert waren die Besucher vom Vortrag "Nie mehr deprimiert – Pass auf was Du denkst" von Herrn Heinz Kerschbaumer am Dienstag, 29. Juni 2004 im Gasthaus Barth. Angst, Sorgen, Ärger, Schuld, Minderwertigkeits – Gefühle und depressive Stimmungen müssen nicht sein. Mit seiner Veranstaltung lehrte er, negative Gefühle zu überwinden und somit aktiv zu neuer Lebensfreude, Mut, Kraft und Elan zu gelangen.

Von Herrn Heinz Kerschbaumer seinen Kassetten, Vorträgen und Seminaren bin ich sehr begeistert und fasziniert. Einige Themen sprechen mich besonders an. Sie bewirken ein Umdenken in mir und ich versuche sie in meinem Leben zu verwirklichen.
Theresia Binderreiter

Auch wenn ich nur einen Impuls von die von mir besuchten Vorträgen und Seminaren mitgenommen hatte, war ich immer wieder ein bisschen glücklicher. Jede Veranstaltung von Heinz ist eine besondere Bereicherung meines Lebens. Ich danke Dir dafür.
Gerald Neissl

Seit Du vor einigen Jahren in unser Leben getreten bist, freuen wir uns auf jeden Vortrag von Dir. Damals standen wir am Anfang unseres spirituellen Weges und Du bist uns ein liebe- und lichtvoller Begleiter geworden, hast uns immer wieder, wenn wir durch Krankheit und seelische Tiefs schritten, eine Tür zum Licht aufgetan, uns geholfen Zweifel in Zuversicht zu verwandeln und uns mit Energie gestärkt. Deine Vorträge und Seminare haben dazu beigetragen, nicht nur Wissen zu vermehren, sondern daraus Erkenntnis zu gewinnen, und diese über die Herzensebene zu leben. Wir haben am eigenen Leibe erfahren, wie machtvoll segensreiche Gedanken sind, und wie sie Heilung bewirken. Lieber Heinz, lass Dir auf diesem Wege von ganzem Herzen danken.
Renate und Norbert Mairhofer

Lieber Heinz, vielen Dank für alles, Du beschenkst Deine Zuhörer so reichlich, gibst mit den Worten auch

Dein ganzes wunderbares Wesen voll Liebe, Zuversicht und Wohlwollen mit, und das ist das eigentlich Beglückende an Deinen Vorträgen! Du bist Lehrer, Arzt und Priester in einer Person, alle drei großen Berufe ohne die, die Menschheit nicht leben könnte. Arzt im Sinne von Psychotherapeut und Priester als Seelenheiler im wahrsten Sinn des Wortes, wie Christus, dem Größten, der über diese Erde gegangen ist. Gott segne und beschütze Dich! Es grüßt Dich herzlich
Dein Walter

Lieber Heinz, am Ende jedes Tunnels ist das Licht. Du hast mir geholfen dieses Licht wieder zu sehen als ich nach mehreren Schicksalsschlägen und einer schweren Depression vor Jahren die Liebe und Freude am Leben verloren hatte. Der Himmel vergelte es Dir!
Anna Haslauer

Herr Kerschbaumer versteht es mit seinen Vorträgen und seiner positiven Lebenseinstellung die Seminarteilnehmer zu begeistern und zu motivieren. Man bekommt wieder neue Kraft und Lebensmut. Viele Ängste und Sorgen werden auf ein Minimum reduziert und auch Probleme oder Lebenskrisen bekommt man besser in den Griff, wenn man richtig damit umgeht. Heinz Kerschbaumer weiß, wie man es macht damit man ein lebensfroher, glücklicher und erfolgreicher Mensch wird, indem er sein Wissen und seine Erfahrung an andere Menschen weitergibt. Er kennt die Macht der Gedanken und was sie bewirken wenn man sie positiv einsetzt. Jeder Vortrag den ich besucht habe ist für mich eine große Bereicherung die mir zu innerem Wachstum und zur geistigen Weiterentwicklung verhilft und dafür möchte ich Herrn Heinz Kerschbaumer besonders danken.
R. P. Ergotherapeut

TRAINER PROFIL

Ein guter Trainer wird man nicht einfach, man reift dazu heran…

Heute weiß ich, dass es meine Bestimmung ist, Menschen zu helfen. Mit altem Wissen, neuer Philosophie und guten Ratschlägen.

Die Schwerpunktthemen meiner Arbeit handeln vom Umpolen negativer Energie in positive Kraft,

vom Erkennen eigener, grenzenloser Energiereserven,

vom friedvollen Sieg ohne Kampf,

vom Gewinn neuer Freunde, neuen Muts und Glücks,

von den Vorteilen multidimensionalen Denkens,

vom erfolgreichen Selbsterkennen und –verstehen,

vom Annehmen des eigenen Schicksals als Lebensweg

und von der Beziehung, mit Liebe jedes Ziel erreichen zu können.

Vor 12 Jahren leitete ich gemeinsam mit Freunden den Murphy-Kreis Salzburg – das war ein Schlüsselerlebnis für mich.

Die monatlich stattfindenden Murphy-Abende mit wechselnden Themen gaben mir die Chance rasch sehr viel zu lernen, inspirierten mich zu intensivem Studium internationaler Fachliteratur und boten die Möglichkeit selbständig Seminare zu gestalten.

Diese Zeit prägte mich stark und es freute mich, dass auch andere Menschen bald meine Begabung für diesen Beruf entdeckten und schätzen lernten.

Diese ersten Erfolge verstand ich als Aufgabe und Auftrag, arbeitete regelmäßig und zielstrebig auf mein großes Ziel, Persönlichkeitstrainer zu werden hin.

Besonders gefördert hat mein Engagement dabei Dieter F. Ahrens in Bremen. Ich absolvierte sein anspruchsvolles Ausbildungsprogramm und legte 1992 die Prüfung zum Persönlichkeitstrainer mit Erfolg ab.

Dabei erkannte ich auch den hohen Wert der Regelmäßigkeit in Training, Lernen und "Lernen durch Training".

Heute ist das Trainingskontinuum die Basis meiner Arbeit (wer rastet, der rostet) und ich kann mit Stolz sagen "Ich habe es geschafft"!

Seit 1992 biete ich ein breites Spektrum an regelmäßigen Vorträgen, Seminaren, Kursen, Einzelsitzungen Seminarwochenenden und Wochenseminaren (auch mit freier Themenwahl), erfolgreich an.

Von 1999 bis 2001 leitete ich mit großem Erfolg in der "Pyramide" in Wels einen Meisterkurs für Fortgeschrittene und besonders in den letzten 12 Jahren konnte ich aus der Arbeit mit unzähligen Veranstaltungsgästen einen großen Erfahrungsschatz gewinnen.

Den teile ich auch gerne mit Dir.

Heute kennen mich viele Menschen aus Zeitungsreportagen, Rundfunk – und Fernsehsendungen – ich habe in mehr als 200 Städten / Orten über 1100 Veranstaltungen geleitet und vielen Gästen neuen Mut, neue Kraft und neuen Willen für ein zufriedeneres, glücklicheres und erfolgreicheres Leben geben können.

Zu meinen Gästen zählen Menschen aus allen Berufs- und Interessensgruppen in Österreich und Bayern und ich freue mich immer wieder über die guten Kontakte, die im Rahmen meiner Veranstaltungen entstehen.

Da ich heute ca. 47 verschiedene Vortrags- und Seminarthemen anbiete, nehmen auch gerne Firmen, Vereine, Frauenbewegungen und Gemeinden mein Angebot immer öfter in Anspruch.

Ein sehr aktuelles und erfolgreiches Vortragsthema im "Venusjahr" 2004 lautet: "Pass auf, was Du denkst – nie mehr deprimiert"

Produkte und Preise:

<u>20 verschiedene Gedichte auf Farbpapier</u> *(a´ 1,50 Euro)*

Glückskinder dieser Welt . . . . . Ich will endlich leben
Mit Freude durch den Tag . . . . Genieße deine Zeit
Die wahren Werte des Lebens . . Reinige Deine Fenster
Sonnenstrahlen der Liebe . . . . . Der Sinn des Lebens
Lass Frieden auf Erden sein . . . Du schaffst es
Mit den Augen der Liebe . . . . . Ich träume davon
Lieber Himmel hilf mir . . . . Folge Deinem Herzen
Jetzt ist deine beste Zeit . . . . . . Vertraue dem Leben
Der Umgang mit dem lieben Geld
Jedes Ende ist ein strahlender Beginn
Dein Himmel ist näher als Du denkst
Komm auf die Sonnenseite des Lebens

<u>Buch</u> *(a´ 22 Euro)*

Dein Himmel ist näher als Du denkst
(Sei auch du ein Glückskind auf Erden) - Aloha Verlag

<u>CD´s</u> *(a´19,- Euro)*

Richtig denken – besser leben   Folge 1
Das Glück liebt die Positivdenker
Mit geführter Herzmeditation

CDs (a´19,- Euro)

Richtig denken – besser leben   Folge 2
Fantasiereise ins Licht
Mit geführter Meditation

Richtig denken – besser leben   Folge 3
Freudige Gedanken für jeden Tag

Kassetten (13,10 Euro)

Heinz Kerschbaumer im Radio   Folge 1 – 3
Herzmeditation – geführte Meditation

Vortrags – Kassetten (10,90 Euro)

Nie mehr deprimiert – Pass auf, was Du denkst
Verwirkliche Dein Potenzial! - Mit Herz und Verstand
Mehr Selbstvertrauen bewirkt Wunder im Leben
Befreiung von Angst und Sorgen
Krise als Chance
Positive Lebenseinstellung – Dein wertvollster Besitz
Gesund durch Lebensfreude
Der erfolgreiche Umgang mit sich selbst und anderen
Die Macht des Glaubens
Wie man Wohlstandsbewusstsein entwickelt
Der Erfolg ist in Dir
Positives Denken – der Schlüssel zum Glück

Vortrags – Kassetten (10,90 Euro)

Wie wir unsere Wünsche erfolgreich verwirklichen
Liebe ist die Antwort und der Weg
Der Sinn unseres Lebens
Die Macht Deines Denkens und Fühlens
Auch das Glück hat seine Gesetze
Wie Sie zu Freiheit und Frieden finden
Was hindert uns wirklich zu lieben
Erkenne Deine Möglichkeiten – lebe jetzt!
Begeisterung schafft Wunder
Die Kraft Deiner Worte
Harmonie – der Schlüssel zur Gesundheit

Alle Produkte
sowie Termine und Seminarunterlagen
erhältlich bei:

Heinz Kerschbaumer

Rosittengasse 3
A-5020 Salzburg

Telefon & Fax.: +43(0)662 - 43 94 01
Mobil: +43(0)664 - 50 53 551

Internet: www.seminarwelt.at
Email: heinz@seminarwelt.at

LESERSERVICE

．．．

Heinz Kerschbaumer persönlich erleben:

Wünscht Du tiefer in das Thema dieses Buches einzusteigen und die Chance zu nutzen Heinz Kerschbaumer einmal live zu erleben?

Ich biete Dir die folgenden Seminare und Vorträge an: (siehe bitte unter Seminar- und Vortragsthemen auf den nächsten drei Seiten)! (Gewünschtes bitte ankreuzen)

Dazu ein persönliches Geschenk:

3 Gedichte auf Farbpapier (nach freier Wahl) zur Einstimmung auf den heutigen Tag oder zum weiterschenken von Heinz Kerschbaumer

Du erhältst Deine gewünschten Informationen selbstverständlich kostenlos und unverbindlich bei:

Aloha – Verlag
Heinz Kerschbaumer
Rosittengasse 3
A-5020 Salzburg

Tel. & Fax. +43(0)662 - 43 94 01
Mobil 0664 - 50 53 551
Email: heinz@seminarwelt.at
www.seminarwelt.at

12 Jahre Kerschbaumer – Seminare

Herzlich willkommen zum Seminar Deiner Wahl!

Wähle Dein Wunschthema:

❏ 1. Mit mehr Selbstvertrauen ins "Neue Jahr"
❏ 2. Ein Seminar zur Befreiung von Angst und Sorgen
❏ 3. Zufriedenheitstraining vom Frieden im Innern zum Frieden im Äußeren
❏ 4. Das ABC glücklichen Lebens, eine Anleitung zum "Glücklichsein"
❏ 5. Die Botschaft der Delphine
❏ 6. Das 1x1 des Zeitmanagements – Mehr Zeit für das "Wesentliche"
❏ 7. Einfach gut drauf – ein "Wellness – Seminar"
❏ 8. Erfolgsregeln, mit denen wir unsere Ziele und Wünsche im Leben erfolgreich verwirklichen können
❏ 9. Weihnachtsseminar – Liebe ist die Antwort und der Weg
❏ 10. "ELTERN – KIND – SEMINAR" – Die goldenen Regeln einer guten "Eltern – Kind – Beziehung"
❏ 11. Im Reich der Naturgeister – Reise in eine andere Wirklichkeit
❏ 12. Engel begleiten uns – Kontakte zu Lichtwesen aufnehmen
❏ 13. "LIEBE UND PARTNERSCHAFT"
❏ 14. Ihr Weg in ein beglückendes Leben – Die Lebensregeln und die Schicksalsgesetze sind dafür die Basis (Teil 1 und Teil 2)

- ❏ 15. Richtig DENKEN – besser LEBEN – Der Schlüssel für den Durchbruch zum Erfolg
- ❏ 16. Krise als Chance – Mehr Lebensqualität im Hier und Jetzt
- ❏ 17. Was hindert uns wirklich zu lieben?
- ❏ 18. Erfolg ist, wenn man ihn trotzdem hat – und sei Meister Deines Lebens
- ❏ 19. Lachen wir uns gesund – eine Anleitung zum "Glücklichsein"
- ❏ 20. "GELDSEMINAR" – Wie Sie Wohlstandsbewusstsein entwickeln
- ❏ 21. Achtung Energievampire – Das Praxisseminar für den psychischen Selbstschutz
- ❏ 22. Öffnung für ein befreites Leben
- ❏ 23. Die "HUNA - LEHRE" - Aloha die Lust am Leben – der Schlüssel zum hawaiianischen Geheimwissen für Erfolg im Leben
- ❏ 24. Gesund durch Lebensfreude – Leben Sie also nach dem Lustprinzip – Folgen Sie Ihren Sinnen!
- ❏ 25. Völlig losgelöst – Frei sein und frei bleiben – sich von den häufigsten Fesseln lösen
- ❏ 26. Wunder als Weg – Eine Anleitung in sieben Schritten
- ❏ 27. Der Tod als Krönung des Lebens – Eine Reise in die Ewigkeit – warum wir unsterblich sind
- ❏ 28. Reinkarnation als Lebenshilfe – " Karma ein Gnadeakt Gottes"
- ❏ 29. ALLES IST MÖGLICH – durch das Geheimnis des "TRÄUMENS" wieder zu Reichtum und Erfüllung gelangen!
- ❏ 30. Lass los und lebe – Warum "Loslassen" Energiegewinn bringt?

❏ 31. Vom BERUF zur BERUFUNG und zur "ERFÜLLUNG"

❏ 32. Pass auf, was Du denkst – nie mehr deprimiert!

❏ 33. Verwirkliche Dein Potenzial! "Mit Herz und Verstand alles erreichen"

❏ 34. Der Sinn unseres Lebens

❏ 35. Harmonie – der Schlüssel zur Gesundheit

❏ 36. Erkenne Deine Möglichkeiten – lebe Jetzt!

❏ 37. Wie wir unsere Wünsche erfolgreich verwirklichen

❏ 38. Der Erfolg ist in Dir

❏ 39. Wie Sie zu Freiheit und Frieden finden

❏ 40. Die Kraft Deiner Worte

❏ 41. Begeisterung schafft Wunder

❏ 42. Positive Lebenseinstellung – Dein wertvollster Besitz

❏ 43. Der erfolgreiche Umgang mit sich selbst und anderen

❏ 44. Wie man Wohlstandsbewusstsein entwickelt

❏ 45. Die Macht des Glaubens

❏ 46. Die Macht Deines Denkens und Fühlens

❏ 47. Auch das Glück hat seine Gesetze

Deine persönliche Seite

Deine persönliche Seite

Deine persönliche Seite

Deine persönliche Seite

Deine persönliche Seite

Deine persönliche Seite